KB067432

CENTRAL ASIA

신장 위구르 위구르스탄 - 카자흐스탄
키르기스스탄 - 타지키스탄
우즈베키스탄 - 투르크메니스탄

나를 재발견하게 해 준
중앙아시아 사람들에게 이 책을 선물합니다.

이 책의 수익금 중 일부는 고려인 돕기 운동으로
러시아와 중앙아시아 그리고 옛 소련 지역에서
세계적 문화유산인 소중한 우리 한글을
공부하는 학생에게 지원됩니다.

CENTRAL ASIA

펴낸날 초판 1쇄 2022년 4월 15일

지은이 이한신
펴낸이 서용순
펴낸곳 이지출판

출판등록 1997년 9월 10일
등록번호 제300-2005-156호
주소 03131 서울시 종로구 율곡로6길 36 월드오피스텔 903호
대표전화 02-743-7661 팩스 02-743-7621
이메일 easy7661@naver.com
디자인 박성현
인쇄 ICAN

값 17,000원

ISBN 979-11-5555-178-3 03910

옛 소련(USSR) 전문여행가 **이한신** 중앙아시아 12만km를 기차로 떠돌다

CENTRAL ASIA

신장 위구르 위구르스탄 - 카자흐스탄

키르기스스탄 - 타지키스탄

우즈베키스탄 - 투르크메니스탄

이지출판

이한신이 발견한 중앙아시아

서건이 우즈베키스탄 초대 한국대사

1991년 옛 소련이 해체되면서 독립한 CIS(Commonwealth of Independent States) 열다섯 공화국 연방 중 카자흐스탄, 키르기스스탄, 타지키스탄, 우즈베키스탄, 투르크메니스탄공화국을 우리는 중앙아시아 5개국이라 부른다.

지금 이 중앙아시아가 새롭게 용트림하고 있고, 세계 열강들은 중앙아시아의 다양한 광물자원과 풍부한 석유, 천연가스를 놓고 총성 없는 에너지 전쟁을 벌이며 파워 게임을 하고 있다. 그만큼 중앙아시아는 세계의 이목이 집중되어 있는 중요한 지역이다.

중앙아시아는 러시아가 아시아로 진출하려는 전진기지 역할을 하는 곳이며, 반대로 아시아에서 유럽으로 넘어가는 길목이다. 중국은 '위구르스탄'이라는 독립 국가를 목표로 중국으로부터 독립하려는 신장 위구르 지역과 카자흐스탄 호르고스 지역을 묶어 친 중화시대의 서막을 울리고 있다.

한반도의 두 배나 되는 면적과 저렴한 노동력 그리고 풍부한 천연자원을 가진 우즈베키스탄이 우리나라와 가장 먼저 인연을 맺었고, 제2의 사우디

아라비아라는 카자흐스탄은 중앙아시아의 새로운 강자로 떠오르고 있다. 중앙아시아에서 유일하게 WTO에 가입한 키르기스스탄의 야심은 중앙아시아의 물류 기반을 다지는 허브가 되는 것이며, 국토 대부분이 파미르고원으로 만년설에 덮여 있는 산악국가 타지키스탄은 오랜 내전으로 정치적으로 불안해 경제 발전을 저해하는 요소가 되고 있다. 그리고 대통령에 대한 개인 숭배와 강도 높은 폐쇄정책으로 외부와 거의 단절된 은둔의 나라 투르크메니스탄이 장막을 걷고 서서히 국제사회에 모습을 드러내고 있다.

이렇듯이 세상은 급변하고 있지만, 중앙아시아는 우리에게 너무 멀리 떨어져 있는 곳이다. 그런 중앙아시아를 이한신은 달랑 배낭 하나 메고 10년 가까이 여행했다. 오대양 육대주 돌아볼 곳이 너무 많은데 우리나라와 외교 관계가 거의 없던 시절부터 이곳을 여행한 그는 민간 외교관 역할을 톡톡히 했다.

나는 옛 소련이 해체되고 1994년부터 1997년까지 우즈베키스탄 초대 한국대사를 지냈지만, 지금까지 그처럼 중앙아시아를 여행한 한국인은 보지 못했다.

이 책은 우리에게 멀게만 느껴지는 중앙아시아에 편안하게 다가설 수 있도록 꼼꼼하게 기록한 여행 일지이자 한 여행가의 삶이 담긴 시간의 기록이다. 그동안 출간된 실크로드나 중앙아시아 여행 서적들은 대부분 중국 서부지역이나 중앙아시아 일부분을 서술한 것들이다.

하지만 이 책은 오랜 세월 수십 번 중앙아시아를 다녀온 옛 소련(USSR) 전문여행가 이한신 작가가 발견한 생생한 기록이다.

9년간 실크로드를 따라 중앙아시아로

김춘식 타슈켄트 국립동방학대 초대 한국어문학과 대학원 교수

이 책을 쓴 이한신은 여행을 위해 태어난 사람 같다. 그래서 우리는 그를 '유목민 이한신'이라 부른다. 중앙아시아와 실크로드의 긴 역사는 매스컴을 통해 이미 우리 귀에 익숙하다. 그들은 터키족에 속하지만, 칭기즈칸의 지배하에 있었기에 우리와 유사한 문화적 배경을 가지고 있고, 실크로드는 동서 문화의 교류라는 면에서 역사적으로 큰 의의를 가지고 있다.

중앙아시아는 아시아 대륙 한가운데에 사막, 초원, 고원으로 이루어진 광대한 지역으로 범위가 명확히 규정되어 있지 않다. 그래서 정의하기에 따라 동투르키스탄(중국 신장 위구르)과 서투르키스탄(카자흐스탄, 키르기스스탄, 타지키스탄, 우즈베키스탄, 투르크메니스탄) 등 강물이 외해(外海)로 흘러 들어가지 않는 내륙 아시아를 의미하기도 하고, 동서 투르키스탄의 오아시스 정착지대만을 가리키기도 한다.

연 강우량이 매우 부족한 타클라마칸, 키질, 카라 등 광대한 사막들과 세계의 지붕인 파미르고원을 중심으로 높고 험준한 산맥들은 만년설이 녹아 여러 하천이 계곡을 형성하고 있다. 어떤 것은 사막 속으로 흘러 들어가 아랄해와 같은 호수를 이루고, 모래 속에서 꼬리 없는 강이 되어 사라지기도 한다.

중앙아시아의 초원과 산악지대에서 생활하는 유목민들은 쉽게 이동하기 위해 펠트(양모를 압축하여 만든 직물) 천막에서 생활하였고, 오아시스 지역에서 농경 생활을 하는 정착민들은 시가지에 성벽을 쌓고 그 안에서 생활하며 성 밖의 경작지에서 생산된 농산물은 바자르에서 교역되었다.

9년간 기차를 타고 실크로드를 따라 중앙아시아를 여행한 이한신은 일기를 쓰듯 꼼꼼한 기록을 남겼다. 이렇듯 한 여행가의 오랜 여행을 통해 중앙아시아 각국의 문화와 풍광 그리고 그들의 살아가는 모습 등 우리가 체험하지 못한 것들을 알게 될 것이다.

나는 단지 여행 안내서나 한 권의 책을 추천하려는 것이 아니라 이한신의 소중한 인생 여행을 소개하는 것이다. 이 책이 중앙아시아를 여행하고자 하는 분들에게 좋은 길동무가 될 것이기에 추천한다.

마지막 남은 옴파로스
CENTRAL ASIA

미국이 프로야구 꿈의 무대라면 실크로드를 따라 중앙아시아로 가는 길은 세계 배낭여행자들의 꿈의 무대다. 이 길은 동투르키스탄 이슬람 운동(ETIM, East Turkestan Islamic Movement)이 중국 신장 위구르 지역을 '위구르스탄'이라는 이슬람 독립 국가로 건설하려는 동투르키스탄과 카자흐스탄, 키르기스스탄, 타지키스탄, 우즈베키스탄, 투르크메니스탄 등 옛 소련에서 독립한 다섯 공화국에 아프가니스탄을 포함한 서투르키스탄에 이르며, 오랫동안 카라반들이 오가던 곳이다. 여기에 인종, 언어, 종교가 같은 캅카스의 아제르바이잔을 포함하기도 한다.

그 카라반들이 동서양을 왕래하면서 다양한 문화와 풍습이 탄생하였고, 중앙아시아는 동서양 문화의 커다란 다리 역할을 해 왔다. 또한 이 길은 고대 왕국들이 패권 다툼을 벌이던 곳이기도 하다.

알렉산더 대왕과 오스만 터키제국의 침략, 칭기즈칸과 아무르 티무르, 그리고 우리에게 낯익은 고선지 장군도 이 길을 따라 세계 정복에 나섰다. 법현과 현장 스님도 진리를 찾아 이 길을 걸어갔다.

아주 오랜 옛날부터 정복자들의 침략으로 비운의 땅이었던 중앙아시아는 지금도 안타까운 세월을 보내고 있는 곳이다. 19~20세기 초 대영제국과 러시아제국이 중앙아시아의 패권을 차지하기 위해 100년간의 전쟁인 그레이트 게임을 벌였고, 1979년부터 1989년까지 옛 소련과 아프가니스탄은 10년간 전쟁을 했다. 그리고 2001년부터 2021년까지 미국의 아프가니스탄 침공은 20년간 지속되었다.

현실적으로 끝나지 않은 전쟁은 헤아릴 수 없는 민간인들의 목숨을 앗아갔고, 어린아이들은 굶주림에 허덕이고 있다. 중앙아시아와 아프가니스탄의 미래는 탈레반과 동투르키스탄 이슬람 운동(ETIM)이 국제무대의 주인공이 될 것이다.

중앙아시아 대부분의 마을은 해발 700~800m 톈산산맥 기슭과 파미르고원에 자리 잡고 있다. 타클라마칸사막은 들어가면 살아서 나오지 못할 만큼 목숨을 담보로 카라반들이 오가던 죽음의 길로, 삶의 생존을 찾아 동서양이 만날 수밖에 없는 유일한 길인 실크로드를 왕래하며 세계의 역사를 바꾸어 놓았다.

나는 고대 비단길인 신장 위구르를 시작으로 2030년에는 선진국과 어깨를 나란히 하겠다는 초원의 나라 카자흐스탄, 중앙아시아의 스위스와 같은 복지국가를 목표로 하는 호수의 나라 키르기스스탄, 오랜 내전을 끝내고 새롭게 도약하는 파미르고원의 타지키스탄, 실크로드의 중심지 우즈베키스탄, 카스피해의 가스를 바탕으로 제2의 쿠웨이트를 꿈꾸는 사막의 나라 투르크메니스탄을 1998년부터 주로 기차와 버스를 타고 여행했다.

그리고 이 책의 여행길은 아래와 같다.

신장 위구르 우루무치–카스–아커쑤–쿠처–쿠얼러–투루판–퀴툰–이닝–호르고스

카자흐스탄 알마티–악타우–아티라우–키질로르다–제스카즈간–아스타나

키르기스스탄 카라콜–이식쿨–촐폰아타–비슈케크–톡토굴–오시

타지키스탄 후잔–두샨베–칼라이 쿰–호로그–카라쿨

우즈베키스탄 치르치크–안디잔–페르가나–코칸트–테르메스–카르시–타슈켄트–사마르칸트–부하라–히바–누쿠스

투르크메니스탄 투르크메나밧–마리–아슈하바트–투르크멘바시

세상은 돌아볼 곳이 무진장하다. 안락한 여행을 놔두고 고생스러운 실크로드를 따라 중앙아시아를 한두 번도 아니고 수차례 기차 여행을 고집한 이유는 나도 잘 모르겠다. 그냥 좋아서 배낭을 메고 떠났다. 하지만 이곳만을 여행한 데는 이유가 있을 것이다. 그간의 일기장과 메모를 정리하면서 그 해답을 찾고자 한다.

사진은 필름 카메라로 찍은 것이어서 진한 아날로그 냄새가 난다. 중앙아시아의 순수한 자연과 사람들의 모습, 그리고 그들과 나눈 우정과 사랑, 아직 미지의 땅이기에 무한한 가능성을 잉태하고 있는 중앙아시아의 모습이 담겨 있다. 마지막 남은 옴파로스 중앙아시아를 주목하고 있는 이들에게 흥미로운 정보가 되길 바란다.

내가 처음 중앙아시아를 여행할 때나 지금이나 중앙아시아는 여전히 멀기만 하다. 하지만 중앙아시아는 우리에게 무궁무진한 기회를 줄 것이다. 살아가는 참맛을 느끼려면 바다에서 가장 멀리 떨어진 이곳으로의 여행을 권한다.

2022년 봄

아현동 순댓국집에서

이 한 신

제2장 초원의 나라
카자흐스탄

제3장 호수의 나라

키르기스스탄

제4장 파미르고원의 나라

타지키스탄

제1장

신장 위구르 위구르스탄

중앙아시아를 향해 출발!

인천항을 출발해 칭다오항으로 그리고 중국 남쪽 광저우(광주)–선전(심천)–홍콩–마카오–구이린(계림)–난닝(남령)에서 수도 베이징으로 돌아와 옌타이(연태)–취푸(곡부)–정저우(정주)를 지나 시안(서안)에 도착했다.

숨 가쁘게 달려와 다시 찾은 시안에서 잠시 쉬었다가 지금부터 우루무치까지 약 47시간 기차 여행이 시작된다. 티베트와 함께 중국의 화약고인 신장의 성도 우루무치로.

시안에서 저녁 8시 10분에 출발해 우루무치는 내일 모레 저녁에 도착한다. 지금 나는 4인용 침대칸에 누워 있다. 해가 완전히 기울어 어두컴컴해진 기차 안에 감미로운 음악이 흘러나온다. 1984년 NHK 특집 다큐멘터리 실크로드 주제곡인 기타로의 '대상의 행렬'이다. 이 곡을 듣고 있으니 고운 모래사막 위를 일렬로 지나가는 낙타의 무리가 떠오른다.

나는 그 유목민들이 낙타를 타고 가던 사막 길을 배낭을 짊어지고 기차를 타고 간다. 옛 실크로드와 현대의 실크로드가 공존하는 그곳을 향해 한 마리 새처럼 자유로운 마음으로 훨훨 날아간다.

침대에 누우면 곧바로 잠이 들 것 같았는데 기차 여행의 설렘 때문인지 잠이 오지 않는다. 우리나라에서는 경험할 수 없는 며칠씩 달리는 버스와 기차 여행은 새로운 시간을 만들어 준다.

기차는 25시간째 달리고 있다. 중국의 실크로드를 여러 번 여행했던 추억의 시간이 창밖으로 스쳐 지나간다. 다시 저녁 8시 45분이다. 서서히 저녁놀이 물들기 시작한다.

방금 장예역을 출발했다. 몇 날 며칠을 달려가는 기차 여행이 지루하지 않느냐고 묻는 사람들이 많지만, 나는 그저 좋아서 할 뿐이다.

해지는 들녘 양치기의 모습은 한 폭의 수채화와 같다.

침대에 누워 여름 하늘을 바라본다.

창밖 풍경은 어느 영화도 흉내 낼 수 없이 아름답다.

기차는 옛 오아시스를 향해 달려가고 있다.

옹기종기 모여 있는 시골 마을, 저녁밥 짓는 흰 연기가 모락모락 피어난다.

들에서 일을 마치고 돌아가는 농부들의 모습은 더없이 순수하다.

진한 아메리카노를 마시며 창밖을 바라보는 내 모습을 누가 그려 준다면 더없이 행복할 텐데, 조금 아쉽다.

여행자들이 꼭 들르는 우루무치

2박3일간 2,568km를 달려 우루무치에 도착했다. 시안을 출발해 난주-시닝-우웨이-자위관-둔황-하미를 지나 신장 지역에 들어섰다. 우루무치도 기차로만 다섯 번째 여행이다.

우루무치 거리는 여전히 지저분하고 사람들은 날카롭고 불안해 보인다. 음식의 향도 무척 강하다. 그런데도 우루무치가 반갑고 그리운 것은 위구르인들 때문이다.

그들은 정치적 억압을 받아 매우 예민하지만 입가엔 미소를 머금고 있다. 금방이라도 눈물이 쏟아질 것 같은 여인들의 큰 눈에는 슬픔과 가련함이 배어 있다. 그래서 내 마음도 부드러워지는지 모르겠다.

우루무치는 '아름다운 목장'이라는 뜻이다. 삼면이 산으로 둘러싸여 있고 구불구불 이어진 모양은 톈산산맥의 품에 안겨 있는 것처럼 보인다. 톈산산맥 북쪽에 있는 세계에서 바다와 가장 멀리 떨어져 있는 도시, 144만 명이 살고 있는 우루무치는 신장의 정치, 경제, 문화의 중심지다.

"바람이 불지 않아도 먼지가 석 자나 되고, 비가 오나 눈이 오나 거리는 온통 진흙으로 쌓여 있다" 할 정도로 낙후된 우루무치는 오래된 도시 속에 피어난 새로운 도시다.

그동안 얼마나 변했는지, 2011년 아내와 이곳을 여행하면서 우루무치 기차역을 찾지 못해 길을 헤맸다. 카자흐스탄 알마티로 가는 기차를 타야 하는데 큰 배낭을 메고 돌고 돌아 겨우 찾았다. 하마터면 기차를 놓칠 뻔했다.

우루무치는 중앙아시아를 거쳐 유럽으로 향하는 교통 중심지다. 고대 실크로드 북쪽 길에서 이곳을 거쳐 서쪽으로 갔다. 세월이 흘러도 신장과 중앙아시아를 오가는 여행자들이 언제나 들러 가는 곳이다.

우루무치에 오면 제일 먼저 찾는 곳은 신장반점이다. 우루무치 기차역에서 걸어서 10~15분 거리에 있는 신장반점은 어느새 단골이 되었다. 1998년부터 반년에 한 번씩 이곳을 들렀으니 종업원들도 나를 알아보고 반갑게 인사를 건넨다.

두 번째로 찾는 곳은 신장반점에서 40분쯤 걸리는 자유시장이다. 이곳은 지독한 냄새가 나는 양꼬치구이와 만두, 각종 견과류 등을 맛볼 수 있는 재래시장이다. 위구르인들의 멋진 칼과 카펫 등 다양한 상품들을 구경할 수 있는 흥미로운 곳이다.

냄새 나는 좁은 골목에서 만나는 위구르인들은 처음엔 무뚝뚝해 보이지만 순박하고 정이 많다. 마치 이웃집 아저씨 아주머니 같다.

늘 보고 싶은 친구 에르한

우루무치 제일의 풍광을 자랑하는 천지와 톈산산맥의 만년설과 울창한 침엽수림, 그리고 백양구 목장은 숨이 막힐 정도로 아름답다.

드넓은 초원에서 말과 양을 키우며 자신들의 풍습을 지켜가고 있는 카자흐족의 모습은 평화롭기만 하다. 이들을 신장에서는 하사커족이라 부르는데, 중국 정부의 신장 봉쇄 조치로 외부와 단절된 채 그들만의 세계를 이뤄 나갈 수밖에 없다.

우루무치에는 늘 보고 싶은 친구가 있다. 눈가에 애수가 가득한 에르한. 그는 터키에서 태어나 스위스로 이주한 언어 천재다. 부모의 나라 터키어는 물론 프랑스어와 독일어는 기본이다. 그리고 중국어는 잘 몰라도 신장 위구르어는 자유자재로 구사한다.

그는 신장과 타지키스탄, 아프가니스탄과 국경선을 이루고 있는 카라쿨, 타슈쿠르간을 여행할 때 현지 경찰의 검문을 받을 때마다 위구르인들만큼 말을 잘해 단단히 곤혹을 치렀다고 한다.

그러잖아도 아프가니스탄 전쟁으로 신장 위구르 독립을 주장하는 동투르키스탄 이슬람 운동(ETIM)과 탈레반의 동맹으로 예민해진 신장에서 터키계 스위스 국적 청년이 위구르어를 너무도 유창하게 하니 당연히 의심을 받았을 것이다.

또 그는 카자흐어, 키르기스어, 우즈베크어도 문제없다. 국제 언어인 영어는 두말하면 잔소리다. 그나마 내가 가장 자신 있어 하는 러시아어를 오히려 그가 더 잘한다. 대학에서 일본어는 부전공을 했다니 부러울 따름이다. 아니 부러움을 넘어서 존경스럽다.

그런 에르한에게 남모를 안타까움이 있다. 스위스로 이주한 유럽인이지만 그의 나라에서는 외국인 취급을 받는다고 한다. 그렇다고 부모의 나라 터키로 돌아가면 더욱더 적응하기 힘들 것 같단다. 정신적으로 어려울 땐 종교의 힘으로 이겨낸다는 에르한은 호텔에서 하루에 다섯 번 메카를 향해 기도한다. 여행을 하는 날은 몰아서 두 번 기도하는 독실한 무슬림 신자인 그는 지금 위구르 여인과 열렬한 사랑을 하고 있다.

다시 기차를 타고 우루무치를 떠나 카스로 향한다. 창밖으로 푸른 초원이 펼쳐져 있고 멀리 산봉우리엔 흰 눈이 쌓여 있다. 실크로드의 톈산 북로를 따라 낙타 대신 2층 기차는 말없이 달려가고 있다.

실크로드의 명주 카스

우루무치에서 카스까지 약 1,500km를 23시간 30분 만에 도착했다. 말만 들어도 흥분되는 실크로드의 찬란했던 옛 오아시스 왕국들을 거쳐 중국 서남쪽 끄트머리에 있는 실크로드의 명주 카스에 왔다.

"신장에 가보지 않은 사람은 중국의 큰 것을 모르고, 카스에 가지 않으면 진정으로 신장을 가지 않은 것"이라고 한다. 또한 "신장을 이해하려면 재래시장에 가보라"는 말이 있다. 재래시장에는 교과서에서 배울 수 없는 생생한 문화가 살아 있고, 그곳에서 과거와 현재를 연결해 주는 열쇠를 찾을 수 있기 때문이다.

2천 년의 유구한 역사를 가진 카스는 고대에는 수친, 근래까지는 카스가얼 또는 카슈가르라고 불렀다. 카스는 표면이 번들거리는 대리석과 둥근 모양의 작은 돌인 '옥석으로 건설한 도시'라는 뜻이다.

이곳에는 약 32개의 소수민족이 살고 있는데 그중 가장 많은 위구르족은 춤과 노래를 즐겨 카스를 '가무의 고향'이라고도 부른다. 또 교통의 요지로 대중교통이 잘 발달해 있어 '실크로드의 명주'라고도 하고, 강우량이 매우 적지만 과일 종류가 많고 당도 또한 아주 높아 '과일의 고향'이라고도 한다. 옛 실크로드의 풍성했던 지역만큼이나 지명도 다양하다.

서쪽에는 세계의 지붕인 파미르고원이, 동쪽에는 죽음의 바다인 타클라마칸사막이, 북쪽에는 톈산산맥이, 남쪽에는 웅장한 쿤룬산맥이 있다. 특히 타클라마칸사막의 길이는 약 1,000km, 폭은 약 400km로 '들어가면 나올 수 없다'는 위구르인들의 말처럼 실크로드를 오가던 옛 카라반들은 목숨을 담보로 이 길을 택했다.

서남쪽으로는 파미르고원과 아프가니스탄 그리고 파키스탄으로 갈 수도 있고, 투르가르트 국경선을 통하면 키르기스스탄으로, 이닝의 도스틱 국경선을 통해서는 카자흐스탄으로 입국할 수 있는 옛 실크로드의 중요한 길목인 동시에 국경의 요새다.

국경의 요새가 지금은 '위구르스탄'이라는 독립 국가를 목표로 하는 동투르키스탄 이슬람 운동과 아프가니스탄의 탈레반이 동맹을 맺음으로써 족쇄가 되었다.

카스에는 11세기의 위대한 위구르족 언어학자이자 돌궐어 사전 작가인 무한무덕릉이 있다. 대형 이슬람 건축물인 아파극곽가릉(향비릉)과 세계적으로 유명한 아이티칼 이슬람 사원도 있다.

특히 이 사원은 유구한 역사를 가진 건축 예술과 웅대한 예배 장면이 일품이다. 1422년에 세워진 이 사원은 보통 3천 명이 예배를 보는데, 금요일에는 평균 7천 명, 명절 때는 3만 명 이상이 모여 예배를 본다.

위구르인들의 성지인 이 이슬람 사원도 중국의 소수민족 동화정책으로 언제 철거당할지, 중국의 화약고 신장은 언제 폭발할지 아무도 모른다.

카스 아이티칼 이슬람 사원

중국 땅이지만 전혀 중국 같지 않은 신장 위구르 지역으로 중국에서 가장 예민한 지역인 만큼 모든 것이 예사롭지 않다.

동서로 갈라져 있는 비운의 땅 투르키스탄. 옛 소련에서 독립해 각자의 길을 가고 있는 서투르키스탄의 다섯 공화국과는 달리 중국의 강력한 탄압에 짓눌려 꼼짝 못하는 동투르키스탄에서 신장의 완전 독립은 오랜 시간이 필요할 것 같다.

그런데 강력한 시한폭탄이 터졌다. 2009년 10월 터키의 주도로 튀르크계 언어 사용국 협력위원회(Turkic council)가 창설되었고, 2018년 9월 키르기스스탄 이식쿨 호수의 전원도시 촐폰아타에서 튀르크의 피가 흐르는 터키, 아제르바이잔, 카자흐스탄, 키르기스스탄, 우즈베키스탄 대통령들이 모여 튀르크계 언어 사용국 협력위원회 정상 회의를 열어 튀르크계 제국 부활의 신호탄을 쏘아올렸다.

2019년에는 우즈베키스탄이 회원국으로, 2020년에는 투르크메니스탄과 헝가리가 참관국으로 참여하였다. 그리고 2021년 11월 터키 이스탄불에서 터키, 아제르바이잔, 카자흐스탄, 키르기스스탄, 우즈베키스탄 등 튀르크어 사용 국가기구(OTS, Organizaton of Turkic States)가 정식으로 출범했다.

OTS는 인종과 튀르크계 언어 그리고 수니파라는 공통점을 한 뿌리로 튀르크계가 주로 사는 터키와 옛 소련에서 독립한 캅카스의 아제르바이잔과 중앙아시아 다섯 나라인 카자흐스탄, 키르기스스탄, 타지키스탄, 우즈베키스탄, 투르크메니스탄, 그리고 신장 위구르 지역이 포함되어 있다.

그러잖아도 동투르키스탄 이슬람 운동(ETIM)의 배후설로 터키와 중국은 신장 위구르 문제로 앙숙인데, 이번에 또다시 터키의 주도로 OTS가 출범

해 신장 위구르 지역의 분리 독립을 더욱 부추길 수 있어 중국은 아프가니스탄의 탈레반과 동투르키스탄 이슬람 운동(ETIM)의 연관성과 함께 심각한 고민에 빠졌다.

중국의 아킬레스건인 신장 위구르 독립과 직결되어 있어 발등에 불화산이 떨어진 상황이어서 앞으로 신장을 여행하기가 더욱 힘들어졌다.

반면 신장 위구르는 2천 년 전부터 번성했던 튀르크계 제국의 부활은 곧 광활한 영토를 지배했던 돌궐의 부활을 의미하는 것으로 동투르키스탄의 '위구르스탄'이라는 신장 위구르 독립은 거대한 탄력을 받게 되었다.

카스에서 여행자가 가장 많이 찾는 일요시장은 그 옛날 왕성했던 국제무역은 초점을 잃어버린 눈동자 같다. 옛 실크로드 때부터 농민들이 직접 재배한 과일과 채소, 공예품이 거래되고 비단과 카펫 그리고 옥과 귀금속이 활발하게 오가던 모습은 사라지고 조랑말이 끄는 마차는 중국에 짓눌려 있는 신장의 모습 같다. 카스는 위구르족이 대다수를 차지하고 있지만 오래가지는 못할 것이다.

양꼬치구이와 양고기에 각종 야채를 넣어 만든 허즈라는 만두는 신장을 여행하는 동안 나의 주식이다. 나는 옛 카라반들이 몇 년 몇 달을 걸려 달려온 길을 기차를 타고 왔지만 기차 여행과는 비교도 안 되는 빠르고 간편한 카라반이 카스에 머물고 있다. 다름 아닌 인터넷 카페다. 1990년대 후반에는 상상도 할 수 없는 일이 2000년대 초에 현실이 되었다. 전 세계가 거미줄처럼 연결되어 있는 인터넷을 통해 나는 세상에서 가장 빠른 실크로드 여행을 하고 있다. 이제 2030년에는 지금으로서는 더 이상 상상할 수 없는 상상의 세계가 펼쳐질 것이다.

넓은 창밖으로 보이는 카스의 아침, 상큼하고 싱그럽다.

오전에는 돌궐어족 역사상 가장 유명한 두 학자 중 한 사람의 무덤인 유수파스 하지프 묘를 찾았다. 신장에서 가장 화려하고 웅장한 녹색 아치형 지붕의 건축물이다. 포도 넝쿨로 뒤덮인 입구를 지나면 하지프가 머리에 흰 터번을 두르고 깊은 생각에 잠겨 있는 모습을 볼 수 있다.

옛 소련의 지원으로 1944년부터 1949년까지 신장 북부에서 위구르족 독립 국가인 동투르키스탄이 아주 짧게 수립되었던 통한의 시절을 생각하는 것 같다. 카스 박물관과 시내에서 동쪽으로 약 4km 떨어진 판튜오 묘도 둘러보았다.

국제버스터미널 주변의 구시가지는 지저분한 골목길이지만 위구르인들의 살아가는 모습을 좀 더 가까이에서 볼 수 있다. 매표소 여직원에게 키르기스스탄의 투르가르트 국경선을 물으니, 지금은 오직 중국 사람과 키르기스스탄 사람만 들어갈 수 있다면서 일본 사람이냐고 묻는다. 큰 목소리로 한국 사람이라고 말하니 공안들이 쳐다본다.

신장 지역의 특수성 때문에 날카로운 칼날처럼 예민한 정치 색깔을 가진 곳이다. 언제 돌발 상황이 벌어질지 모르는 지역이어서 더욱 피로가 겹쳐 긴 하루를 보냈다. 그런데다 신장의 대표적인 도시 카스가 점점 한족화되어 가는 것이 피곤함을 더욱 부채질한다.

고요한 카스의 아침을 뒤로 하고 시속 20km를 넘지 않는 시내버스를 타고 기차역으로 향했다. 배낭만 아니면 뛰어가는 것이 훨씬 빠르겠다.

오전 9시 16분 기차를 타고 6시간 만에 아커쑤에 도착했다. 약 460km다.

카스 유수파스 하지프 묘

타클라마칸사막에서 불어오는 모래바람은 기차 안에서도 수건으로 입을 막지 않고서는 도저히 앉아 있을 수가 없다. 기차 창문을 공기 한 모금도 못 들어올 만큼 닫아 놓아도 소용없다. 먹다 남은 음식이나 음료수도 숨도 못 쉬게 비닐로 꽁꽁 싸두어야만 한다.

아커쑤는 신장 서부 톈산 남쪽의 타리무 분지 북쪽에 있는 아름다운 도시다. 신장의 다른 도시에 비해 위구르인들의 신앙심이 특히 강한 지역으로 '변세 밖 강남'이라 할 정도로 멋지다. '강남의 경치도 멋지지만, 그보다 더 멋지다는 뜻'이다. '남량북조'란 말처럼 '남쪽에는 곡식, 북쪽에는 언어가 다양하다'는 뜻도 있다.

아커쑤도 우루무치와 마찬가지로 시 전체가 먼지를 뒤집어쓴 채 공사가 한창 진행 중이다. 아커쑤는 '흰 물 또는 흰 강'이라는 뜻답게 수력자원이 풍부하여 여름과 가을에는 과일의 향기에 취할 정도로, 다른 신장에서는 구경하기 힘든 버섯구이 모루컬루의 맛이 일품이다.

삐걱거리는 한족과 위구르인

아커쑤에서 동쪽으로 250km 정도 떨어진 쿠처까지 '이웃집 마실 가듯' 3시간 반 만에 도착했다. "40도 술은 술도 아니요 40도 추위는 추위도 아니다. 그리고 400km는 거리도 아니다"라는 러시아 속담처럼, 신장에서도 40시간은 타야 기차를 탔다고 할 만큼 서너 시간은 여행도 아니다.

북적거리는 다른 신장의 기차역과는 달리 쿠처역은 동떨어진 외딴섬 같다. 공안들과 역무원들의 고압적인 태도는 승객들을 짐짝 다루듯 죄인 호송하듯 한다. 조금이라도 거슬리면 큰 소리로 어린아이 야단치듯 고함을 지르는 모습에서 막강한 역무원의 힘을 느낄 수 있다.

대기실로 들어오는 승객들은 아랑곳하지 않고 시도 때도 없이 문을 걸어 잠근다. 문밖에서 아무 소리 없이 기다리는 승객들의 모습이 안쓰럽다. 너희들에게 이렇게 편하고 빠른 기차를 타게 해 주는 것만으로도 공산당에 감사하라는 듯한 태도다.

한족과 신장 위구르인들은 겉으로는 융화하는 것처럼 보이지만, 위구르인들은 한족을 무척 경멸하고 싫어한다. 겉으로 웃는 한족들의 마음속엔 능구렁이와 살모사가 들어 있지만, 위구르인들의 마음은 여리고 순수하다. 사람이 달라도 너무 다르다. 조화를 이룰 수 없는 두 종족이다.

기차 여행은 지난날을 돌아보게 한다

쿠처에서 저녁 7시 12분에 출발해 운 좋게 비어 있는 자리에 앉아 3시간째 달리고 있다. 약 300km를 이동해야 한다.

차창 밖으로 보이는 하늘은 온통 잿빛으로 물들어 있고 비가 내린 사막은 촉촉이 젖어 있다. 이른 아침 맑고 깨끗하던 하늘이 오후 되면서 두어 시간 소나기가 쏟아지더니 언제 그랬냐는 듯 햇빛이 비친다.

사막 위로 서서히 어둠이 깔리기 시작하고 간간이 보이는 트럭들이 길도 없는 초원을 따라 어디론가 달려가고 있다. 덩그러니 바다에 떠 있는 섬처럼 어쩌다 나타나는 집에서 새어 나오는 희미한 불빛만이 사막을 비추고 있다. 사막에서 불어오는 바람 때문에 기차 안은 온통 모래로 가득하다.

완전히 어두워졌다. 밤 10시 30분이 넘자 떠들던 사람들도 하나둘 잠들기 시작한다. 창밖으로 보이는 것은 창문에 비친 내 얼굴뿐이다. 말과 행동을 책임질 수 있는 얼굴인지 다시 한 번 바라보지만 부족하다.

기차 여행은 지난날을 돌아볼 수 있는 최상의 시간이다. 지나온 기차역은 나의 과거이고, 지금 지나는 기차역은 나의 현재이고, 지나갈 기차역은 나의 미래다. 나는 여전히 부족하기만 하다.

신장에서 가장 깨끗한 쿠얼러

자정이 다 되어 쿠얼러역에 내렸다. 우루무치에서 남서쪽으로 약 200km 떨어져 있지만, 도로를 따라 여행하려면 350~500km 이상 꾸불꾸불 돌아가야 한다.

석유 개발을 위해 세워진 신도시답게 쿠얼러의 밤은 신장의 어느 곳보다 자유스러워 보인다. 서울의 주말 밤과 차이가 없을 정도다. 신장에서 가장 깨끗한 공산국가 도시답게 건물과 호텔, 공원은 흠잡을 데가 없다. 인위적인 곳이기에 그냥 하룻밤 머물다 훌쩍 떠나면 된다.

술에 취해 방황하는 젊은이들은 동부 지방의 대도시에서나 볼 수 있는 모습이다. 나이트클럽은 쿠얼러 청소년들이 가장 좋아하는 곳 중 하나다.

넓고 깨끗한 거리는 신호등을 정확히 지키는 자동차들 때문에 더욱 돋보인다. 신호등을 지키는 것이 오히려 이상한 중국 땅에서 이처럼 교통법규를 지키는 곳이 쿠얼러다. 언젠가 우리나라 코미디 프로그램에서 신호등을 잘 지키자는 캠페인을 벌인 기억이 난다.

중국의 동부와 남부 그리고 실크로드를 따라 신장을 여러 번 여행하면서 올 때마다 침이 마르도록 칭찬을 하고픈 곳이 쿠얼러다.

어느 도시든 시내 중심에 있는 넓은 공원에는 하늘을 찌를 듯한 나무들이 빽빽하다. 쿠얼러를 가로지르는 공취운하에는 수영을 하는 사람들로 북적댄다. 청년들은 속옷 차림으로, 어린아이들은 발가벗은 채 하루 종일 강가에서 시간을 보낸다. 바라보는 여행자는 즐겁기만 하다.

투루판 야시장에서 생일 파티를

쿠얼러에서 투루판으로 향하는 기차에 앉아 있다. 밤 10시 20분에 출발하여 370km를 달려 이튿날 아침 투루판역에 도착한다. 옛날에는 '고창 또는 화주'로 불리던 투르판은 실크로드로 가는 주요 길목으로 톈산 동남쪽 끝부분에 위치해 있다.

2천 년 넘게 재배해 온 면화는 중국 전체 생산량의 90% 이상이 신장에서 생산되는데, 투루판은 포도와 함께 면화 또한 품질이 좋기로 소문나 있다.

투루판은 매우 건조한 대륙성 사막기후로 연평균 강우량은 15mm밖에 안 된다. 그리고 남쪽으로 5km 떨어진 애정호는 해발고도가 −154m로, 이스라엘 사해 다음으로 세계에서 두 번째로 낮다.

투루판은 신장을 여행하면서 특히 기억에 남는 곳이다. 1999년 기차 여행을 할 때 이곳에서 생일을 보낸 적이 있다. 세계 각국에서 모인 수십 명의 배낭여행자들이 생일을 축하해 준다고 야시장을 파티장 삼아 밤새도록 웃고 떠들었다.

투루판에는 염분이 많아 그 풀을 먹고 자란 양고기 육질이 최고라고 한다. 그 양 한 마리를 통째로 구워 큰 칼로 잘라먹는 양고기 바비큐는 아무리 먹어도 질리지 않는다.

오늘 밤은 제 정신으로 호텔에 가는 사람은 제 정신이 아니라며 건배를 한다. 그때 누군가가 외쳤다. 신장의 독립을 위하여!

신장을 여행하다 보면 씩씩하게 혼자 다니는 일본 여성도 만나고, 삼삼오오 무리를 지어 다니는 머리가 희끗희끗한 유럽인들을 만난다. 이들의 얼굴엔 여유와 웃음이 끊이지 않는다. 무슨 일이든 급하게 처리하는 우리와는 너무 대조적이다.

다시 한 번 이 길을 여행했던 시간을 떠올려 본다. 여행은 언제나 나에게 푸짐한 선물을 주곤 한다. 살아가는 인생도 기나긴 여행이 아닌가.

'아우디'를 타고 사막을 다녀오다

오늘 멋진 드라이브를 했다. 여러 번 투루판 여행을 했지만, 이번에는 자가용 택시를 빌려 사막을 한 바퀴 돌았다.

어젯밤 곤드레만드레 술을 마시고 아침에 나타난 아르킨은 나를 안내하는 것이 먼저가 아니라 300위안이라는 큰돈과 개인 일이 우선이다. 거금 300위안을 주고 빌린 자가용 택시는 겉으로는 새 차처럼 보이지만 에어컨도 나오지 않고 중간에 쉬지 않으면 주저앉을 것 같은, 이름만 아우디다. 그래도 오늘 하루는 회장님이 된 기분이다.

펄펄 끓는 용광로 같은 사막에는 뜨거운 태양과 고운 모래밭이 끝없이 펼쳐져 있다. 오랜 세월 화산 활동으로 불길이 치솟는 듯한 모양인 화염산은 100km 길이에 폭이 10km, 평균 높이는 500m, 그리고 여름에는 온도가 50도 이상 올라간다.

화염산 계곡 아래에는 80여 개의 동굴로 이루어진 이베제크리크 천불동이 있는데, 삭막한 사막 한가운데 푸른 숲이 먼저 눈에 들어온다. 전형적인 오아시스다.

이란고원을 중심으로 서쪽으로는 모로코, 동쪽으로는 신장까지 보급되어 있는 지하 수도 '카레즈'는 페르시아어 '카나트'에서 유래되었다는데 명칭이 헛갈린다. 이란에서는 카나트, 아프가니스탄과 파키스탄에서는 카레즈, 중국에서는 칸얼징, 요르단과 시리아에서는 카나트 로마니, 모로코에서는 케타라, 스페인에서는 갈레리아, 아랍에미리트와 오만에서는 팔라즈, 이탈리아에서는 칸이라 부른다. 위구르인들과 여행자들은 투루판에서 '카레즈'라고 부른다.

카레즈는 베이징에서 항저우까지 2,000km에 이르는 대운하와 산해관에서 시작해 서쪽 타클라마칸사막 자위관에서 끝나는 5,700~6,400km의 만리장성과 함께 중국 3대 불가사의로 기록되어 있다.

우물과 지하수를 연결한 투루판의 오아시스 카레즈는 전체 길이가 약 5,000km에 이른다. 카레즈 물길의 가지가 천 개, 한 갈래의 길이가 수 킬로미터에서 수십 킬로미터로 수십 개의 우물을 파야 한다.

뜨거운 태양과 고온 건조하고 일교차가 커서 당분이 높은 투루판 포도마을에는 전국에서 몰려든 관광객들로 와인과 포도가 불티나게 팔리고 있다. 돌아오는 길에 요새형 도시였으나 지금은 폐허로 남아 있는 교하고성과 고창고성도 둘러보았다.

아르킨이 사막을 다녀오면서 길에서 산 수박보다 더 큰 하미과 20개가 단 10위안, 우리 돈으로 1,600원에 불과했다. 아르킨은 쌀 포대에 꾹꾹 눌러 담아 온 하미과를 같이 먹자며 나를 집으로 데리고 갔다. 그러면서

나중에 다시 투루판에 오면 자기를 불러 달라고 했다.

호텔에서 50위안만 주면 오전 8시 30분에 출발해 저녁 8시에 끝나는 미니 투어버스가 있지만 어쩌면 에르킨과 같은 전문 사냥꾼에게 맡기는 것이 더 편할지 모르겠다.

언젠가 투루판에 다시 가면 아르킨을 투루판 기차역에서 다시 만날 것이다. 하여튼 멋진 하루를 보냈다.

퀴툰에서 이닝으로

투루판에서 220km 떨어진 우루무치를 거쳐 퀴툰까지 달려오면서 중국 정부가 신장에 신경을 무척 많이 쓰고 있다는 것을 새삼 느꼈다. 중국에서 경제 발전 속도가 제일 빠른 도시 중 한 곳인 퀴툰은 우루무치에서 560km 떨어져 있고, 몽골어 이름은 '카라수'다.

기차역은 중앙아시아와 유럽을 연결하는 중국 서부의 화물 집결 중심지로 중국 전역에서 화물차들이 모여든다. 또한 아시아에서 제일 큰 토마토즙을 생산하는 공장이 있다. 하루에 토마토즙을 144톤 생산하여 이탈리아, 일본, 말레이시아, 한국, 칠레 등에 수출하고 있다.

하늘은 높고 구름 한 점 없는 푸른 하늘은 여름이 가고 가을이 시작되고 있음을 알려 준다. 넓은 공원에 앉아 점점 둥글게 변하는 달을 바라보며 지난날들을 돌아보니 살아온 날이 살아갈 날을 쫓아오고 있다. 세월을 말할 때가 되었는지도 모른다. 내일 아침 8시 퀴툰을 떠나 약 450km를 달려가야 한다.

30년은 족히 된 버스가 아무 문제 없이 11시간을 달려 이닝에 도착했다. 의자와 시트는 닳고 닳아서 지독한 냄새가 코를 찔렀다. 퀴툰에서 이닝으로

가는 방법은 낡은 버스를 타고 가는 것이 가장 보편적이지만, 또한 가장 지독한 방법이다. 그래도 가난한 여행자는 낡은 버스를 타고 가는 수밖에 없다. 녹슬 대로 녹슨 버스는 여행자를 이닝에 내려놓았다.

신장의 대부분 지역이 빠르게 변화하는 것과 달리 이닝은 옛 추억을 그대로 간직한 채 나를 반겨 주었다. 중국 정부의 서부 대개발에 따라 고속도로와 높은 빌딩이 숲을 이루고 있는데, 이닝으로 들어가는 국도는 아직 비포장도로가 그대로 남아 있다. 허벅지가 마비되어도 울퉁불퉁 흙먼지를 마시며 달리는 시골길은 정겹다. 거리에는 녹음이 우거지고 고대 사찰과 새로 지은 빌딩과 정원들이 독특한 조화를 이루고 있는 이닝이다.

1999년과 2000년에 여행할 때 묵었던 버스터미널에서 가까운 호텔을 찾았다. 리모델링을 해 넓고 깨끗해진 것 말고는 달라진 것이 없는 낯익은 호텔이다. 체크인을 하고 샤워를 하는데 채 10분도 안 되어 공안이 올라와 체크아웃을 해야 한다며 막무가내로 내 배낭을 들고 1층 로비로 내려갔다. 황당하기 짝이 없었다. 옷을 벗고 막 샤워를 하다가 영문도 모른 채 벼락을 맞은 기분이다.

알고 보니 거주지 등록이 필요한 호텔에서 묵으라고 한다. 이닝에서는 외국인을 관리하기 편하게 호텔을 두 곳 정해 놓았는데, 이중가격제로 외국인이 머무는 호텔은 당연히 비싸다.

이 호텔에서 두 번이나 머문 적이 있다고 하니 공산당의 지시라며 명령에 따라야 한다는데, 호텔 주인은 어디론가 사라지고 직원들은 어쩔 줄 몰라 하는 표정으로 서 있다. 옛 소련 공산당 시절 외국인을 감시하기 위해 만든 호텔에서 머물도록 한 '인투리스트' 제도인 일명 '오비르' 등록과 마찬가지다.

하루에도 몇 번 상황이 바뀐다고 하지만 막상 당하고 나니 어안이 벙벙하다. 동투르키스탄 이슬람 운동이 1998년 이닝과 자오쑤 교도소를 습격하여 교도관 10여 명을 살해하고 80명의 정치범을 탈출시키고, 1997년에는 독립을 요구하는 폭동과 함께 우루무치에서 연쇄 폭발 테러 사건이 발생했으니 그럴 만도 하다.

맥주 한잔 마시고 들어오니 벌써 새벽 3시가 넘었는데 잠이 오지 않는다.

실명할 정도로 아름다운 이닝 아가씨

이닝에서 카자흐스탄 알마티로 가는 국제버스는 화, 수, 목, 토요일 신장 시간 6시 30분, 베이징 시간 아침 8시 30분에 출발한다. 요금은 미화 30달러, 중국 돈 260위안이다.

카자흐스탄 입국 비자는 7월 1일이지만 내일 떠나는 버스표를 예매했다.

이닝 국제무역시장은 신장에서 가장 크고 볼거리가 많다. 이닝의 호르고스를 통해 중앙아시아와 이란, 터키를 거쳐 북아프리카까지 가는 대형 컨테이너 차량들이 국경선을 넘는다. 카스의 국제무역시장은 일요일을 제외한 평일은 조용해서 이곳에 비하면 작은 집에 불과하다.

또한 이닝은 내게 각별한 도시다. 중국 실크로드를 따라 여러 번 기차여행을 하면서 신장에서 가장 아름다운 여인을 바로 이곳에서 만났다. 베이징도 상하이도 아니다. 보는 순간 내 눈이 빠지는 줄 알았다. 눈이 부시다 못해 아예 실명할 정도였다. 1999년의 일이다.

이닝에서 약 100km 떨어진 곳을 1시간 30분 정도 달려가면 톈산산맥 2,000m 높이에 쌀리무 호수가 나타난다. 휴양지로 인기 있는 호수 둘레는 458km, 수면은 해발 2,017m로 호수 뒤쪽을 톈산산맥이 병풍처럼 감싸고 있고 호수 한가운데 정자 하나가 쌀리무 호수를 지키고 있다. 아직은 널리 알려지지 않아 극소수 여행자와 이곳 사람들이 즐겨 찾는 호수다.

가을 하늘처럼 푸른빛을 내뿜고 있는 쌀리무 호수, 눈이 시리다.

거대하게 출렁이는 물결은 호수가 아니라 바다 같다.

웅장한 톈산산맥과 쌀리무 호수는 끝없이 펼쳐진 초원 위의 보배다.

푸른 초원 위에는 헤아릴 수 없이 많은 양떼들이 느긋하게 풀을 뜯고, 이 세상 근심 걱정을 모르는 유목민들이 평화롭게 살고 있다. 이 모습은 그 어떤 표현으로도 부족하다.

쌀리무 호수에서 이닝까지 100km 정도 되는 양쪽 길은 푸른 초원과 하늘이 낮아 보일 만큼 쭉쭉 뻗은 나무들이 빼곡하다.

6월 말인데도 밀밭은 벌써 누렇게 익었다. 수확을 돕는 꼬마 농부의 모습은 여기서 오래오래 머물다 가라는 듯 손짓을 한다. 끝이 보이지 않는 초원 위를 걷는 것만으로도 그 어떤 기쁨에 비할 수 없다.

국경 마을에서 예상치 못한 일이

운이 좋았다고 해야 할지 아니라고 해야 할지 모르겠다. 신장 시간으로 아침 6시 30분, 베이징 시간으로 8시 30분에 카자흐스탄 알마티로 출발한 국제버스는 출발한 지 두 시간이 지나 신장 시간 8시 30분경 중국 국경 검문소에 도착했다.

예전에는 버스가 중간에 정차할 때마다 환전상들이 올라와 큰 소리로 떠들었는데, 이번에는 그런 재미있는 모습은 사라지고 몇몇 장사하는 사람만 눈에 띄었다.

중국 측 여권 검사도 매우 간단해졌다. 이닝에서 국제버스를 타고 국경선까지 올 때 군인들이 다섯 번 이상 여권 검사를 했는데 이번엔 단 한 번에 그쳤다. 너무 간단해 오히려 이상한 느낌이 들 정도다.

그런데 중국 국경 검문소 군인에게 여권을 제시하면서부터 문제가 시작되었다. 여권을 건네받은 군인은 나흘이나 앞당겨 입국하는 나에게 어안이 벙벙한 표정을 지으며 안 된다고 했다. 무슨 큰일이 난 것처럼 나흘 뒤에 다시 출국하라는 것이다.

옆에 서 있던 운전기사가 피식 웃는 눈치다. 이 운전기사는 여러 번 만난 적이 있는 위구르인인데 중국어, 러시아어, 카자흐어를 자유자재로 구사한다. 할 수 없이 국경 마을 호르고스에서 며칠 머물러야 하는 신세가 되었다.

운전기사는 다음 주 월요일 이닝에서 만나자며 국경선으로 향했다. 그리고 지금 가지고 있는 버스표로 알마티까지 갈 수 있게 해 주겠다며 총총히 사라졌다.

그런데 뭐가 뭔지 진짜 헷갈리는 건 비자 문제가 아니라 이닝과 알마티를 오가는 국제버스 시간이다. 이닝의 매표소 여직원도 알마티로 가는 버스는 시간표대로 화, 수, 목, 토요일에 있다고 했는데 운전기사는 월요일에 보자고 하니 누구 말이 맞는 건지 모르겠다.

여권을 돌려준 중국 측 군인의 말이 정확했다. 호르고스에서 일요일만 제외하고 매일 신장 시간 오전 8시, 베이징 시간 오전 10시에 버스가 도착한다고 한다. 알마티로 입국하는 버스가 날아가는 것도 아니고 땅 밑으로 가는 것도 아니니 검문소를 지나지 않으면 방법이 없다. 운전기사도 아니고 매표소 직원도 아닌 군인의 말이 가장 신빙성 있다.

어찌 보면 잘된 일이다. 전혀 예상하지 않았는데 국경 마을을 여행할 수 있는 기회가 생겼다. 여기가 바로 중국령 호르고스다.

중국령 호르고스와 카자흐스탄령 호르고스는 양쪽 검문소에서 1km밖에 떨어져 있지 않다. 특히 중국령 호르고스는 웬만한 지도에는 표시도 없고 신장 지도에만 겨우 보인다. 현재 구글 지도에서도 국경선까지는 길이 끊겨 있다. 카자흐스탄 국경선을 표시한 곳에 나타나는 아주 작고 조용한 마을이다. 중국은 두 나라의 호르고스를 한 지역으로 묶어 '위구르스탄'의 독립을 막고 있다.

내가 묵게 된 호텔 앞마당에서 호르고스 시민축제가 벌어졌다. 밤 8시에 시작된 축제는 자정까지 이어졌다. 보기 드문 축제를 방안에서 편안히 구경했다.

남녀노소 할 것 없이 모두 모여 축제를 하는데 맨 마지막에 호르고스의 공무원, 군인, 경찰, 국경 수비대원들이 함께 공산당 찬양가를 불렀다. 연극을 할 때도 화사하게 화장한 아가씨들이 중간 중간에 무협지에나 등장하는 칼을 들고 나와 무용을 하더니 끝내는 공산당 구호로 마감했다. 깨끗한 제복을 입은 아가씨가 '오직 공산당밖에 없다'는 노래와 구호를 외치고 축제는 끝났다.

등 뒤에서 싸늘한 찬바람이 불어왔다. 여기서 남은 며칠간 조용히 독서를 하면서 지내야 할지도 모르겠다.

6,414km를
꼬박 106시간 달려와

시안을 출발해 호르고스까지 기차로 5,487km 87시간 15분, 버스로 927km 19시간 10분, 그러니까 6,414km를 106시간 25분간 꼬박 달렸다.

작은 마을에 목욕탕이 있는데 마사지를 받아 보라고 한다. 아가씨 말이 100위안이면 잠자리도 할 수 있다나 뭐라나. 목욕비 10위안, 마사지 30위안은 겉치레고 목적은 딴 데 있었다.

여기가 바로 중국 땅이고 손바닥만 한 마을에 주민보다 경찰과 군인들이 더 많다. 시뻘건 전등을 켜놓고 손님을 기다리는 미장원에도 커튼 뒤편에는 영락없이 침대가 놓여 있다. 국경선을 오가는 대형 컨테이너 기사들이 주요 먹잇감이다.

이닝은 아름다운 색채를 띤 도시다. 사람들은 '이리'라고도 부르는데, 삼면이 산으로 둘러싸여 풍광이 매우 아름답다. 유목민의 삶의 터전으로 초원 문화의 발상지이지만 정치적으로는 많은 변화를 겪은 곳이다.

호르고스를 통해 중앙아시아와 아프리카 그리고 유럽으로 통하는 옛 실크로드의 중요한 길목으로 1871년에는 러시아가 이닝을 점령한 적도 있다. 패권 다툼이 치열한 1950년대 말에는 전쟁 일보 직전까지 가기도 했다.

지금은 카자흐스탄과 국경선을 맞대고 있지만 1960년대 말 중국과 옛 소련의 관계가 최악일 때 소련 정부가 카자흐스탄에 중무장한 병력을 수십만 명 배치해 긴장이 고조되었었다. 중국과 옛 소련 관계가 회복되었을 때는 신장에 도로 건설이나 교육, 의료사업 등을 지원하기도 하였다.

침대에 누워 책을 보기에 적당한 하루다. 적막하기까지 한 작은 마을에 점점 정이 간다. 눈에 띄는 사람은 대부분 경찰과 군인들이고 외국인 여행자는 눈을 씻고 봐도 없다. 열어 놓은 창문으로 넘어온 바람은 차갑지만, 참 따스한 마을이다.

나는 호르고스에서 집시였다

호르고스는 서쪽으로 카자흐스탄의 경제 수도인 알마티와 380km 떨어져 있고, 동쪽으로 750km 가면 우루무치다. 그리고 이닝까지는 90km 떨어져 있다.

호르고스는 신장 서북쪽에서 제일 큰 국경선으로 중앙아시아와 유럽으로 통하는 창구 역할을 한다. 거리가 가깝고 비용이 낮아 신속하게 유통할 수 있는 좋은 조건을 갖추고 있어 중앙아시아 다섯 공화국과는 이미 무역이 왕성하게 이루어지고 있다.

그런 호르고스가 어둠의 도시가 되었다. 오전 10시에 전기가 끊겨 호텔은 물론 공공기관까지 촛불을 켜놓고 일을 보고 있다. 밤 11시에 전기가 들어올 거라고 호텔 여직원이 말했지만, 지금으로서는 언제 전깃불이 들어올지 장담할 수 없다.

내일은 아침 일찍 카자흐스탄 알마티로 출발한다. 신장과는 전혀 다른 곳으로 여행을 떠나게 된다. 인종도, 문화도, 언어도, 역사도, 음식도 비슷한 듯하지만 또 다른 향기가 나는 서투르키스탄에서 여행을 시작한다.

신장에서의 시간이 너무나 짧다. 1998년과 1999년 그리고 2000년과 2002년, 이어서 2005년에 실크로드를 따라 중앙아시아로 일 년에 두 차례씩 기차 여행을 하면서 사계절을 모두 경험했다.

사막의 푹푹 찌는 무더위 속에 배낭끈이 어깨를 누를 때마다 진물이 흐르는 여름은 여름대로, 초원 위의 모래바람으로 얼굴은 마비되고 꽁꽁 언 손발이 천근만근이던 겨울은 겨울대로 아름다운 시간이었다.

이번엔 버스로 국경선을 넘는다. 아침저녁 창가에서 지저귀는 새소리가 잠자리를 즐겁게 해 준다. 내 귀가 이상하다. 새소리가 세르게이 트로파노프의 바이올린 연주곡 '몰도바'로 들린다.

동유럽의 집시들이 집단으로 거주하는 몰도바를 기리는 집시 바이올린의 대가답게 아름답고 황홀하지만 서글픈 현악기의 진수를 보여 주는 강렬한 연주곡이다. 나는 호르고스에서 집시다.

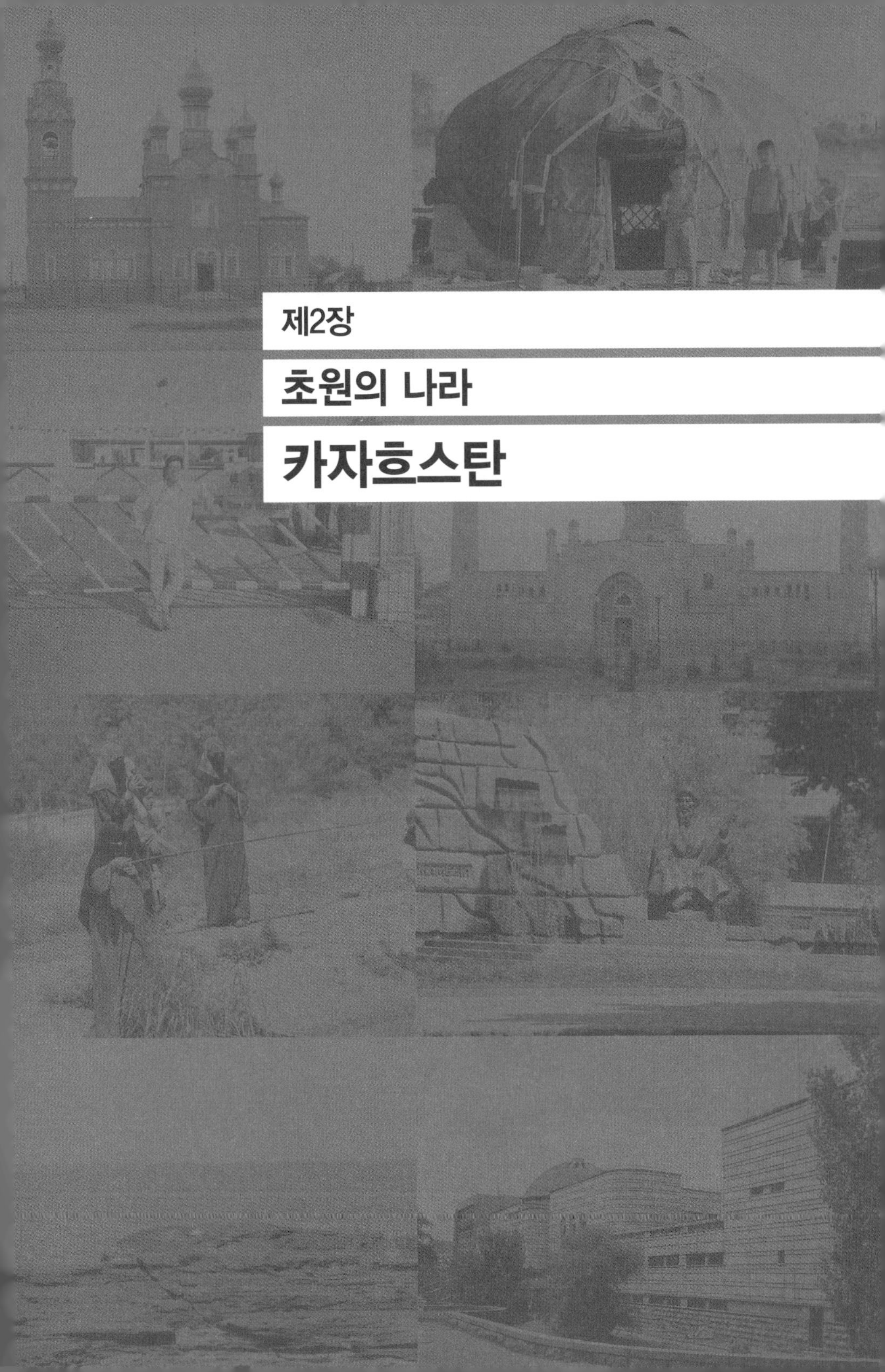

제2장

초원의 나라 카자흐스탄

국경을 넘어 알마티로

3박4일 머물던 국경 마을 호르고스를 떠난다.

호텔에서 국경 검문소까지는 1km 정도. 국경선이 열리는 신장 시간 오전 8시, 베이징 시간 오전 10시를 전후해서 물건을 잔뜩 실은 대형 컨테이너 트럭들과 보따리상들을 태운 버스가 검문을 기다리고 있다.

검문소 바로 오른쪽에는 기념품 판매점이 있지만 동부 지방에서 단체로 관광 온 여행객들만 눈길을 줄 뿐 상품들은 초라하다.

이닝에서 신장 시간 6시 30분, 베이징 시간 8시 30분에 출발한 버스가 1시간 30분 늦은 정오가 되어서야 도착했다. 며칠 전 그 운전기사가 환하게 웃으며 지난번 약속대로 가지고 있던 버스표로 갈 수 있게 배려해 주었다.

검문소 앞에는 보따리상 60여 명이 문이 열리기를 기다리고 있었지만 내가 나타나자 호르고스에 머무는 동안 얼굴을 익힌 검문소 군인들이 이제는 줄을 서지 않아도 된다면서 여권을 달라며 우선권을 주었다. 다른 사람들은 이해가 안 간다는 표정을 지었다. 나흘 전에 벌어진 상황을 알 리 없는 그들로서는 당연하다.

검문소 군인은 빙그레 웃으며 다시 만나자고 한다. 그 옆에 가냘파 보이는 여군이 국경을 넘는 사람들을 일일이 조사하고 있는데, 속으로는 칼날 같은 마음을 가지고 뭔가 걸려들면 혼쭐을 낼 듯한 표정이다.

중국 검문소 호르고스를 지나 카자흐스탄 검문소 호르고스까지는 고작 500m밖에 떨어져 있지 않다. 카자흐스탄 검문소에 도착하니 왜 이리 마음이 편한지 모르겠다. 중국 검문소보다 까다롭게 서류들과 배낭까지 샅샅이 확인하고 툭 던지듯 시비를 거는 듯하지만 마음이 편한 건 이들의 자유스러운 표정 때문이다.

카자흐스탄 검문소를 지나 알마티로 향하는 길목에 예전에는 없던 국경수비대원이 세 번이나 올라와 여권을 검사했다. 이유는 카자흐스탄의 골칫거리 중 하나인 중국인 불법 체류자가 점점 늘어나기 때문에 어쩔 수 없다고 한다. 중국인 불법 체류는 국제적 뉴스이니 새삼스러울 것도 없지만 지나는 길목이 점점 복잡해진다.

저녁 9시경 알마티 국제버스터미널에 도착하니 비가 내리기 시작했다. 빗줄기는 점점 굵어지고, 여기서 만나기로 한 라야는 3시간 동안 전화 통화가 안 된다.

시간은 자정을 향하고, 전화 교환원 아주머니는 그러지 말고 소파에서 하룻밤 자고 내일 아침에 가라고 한다. 시간이 지나 생각하니 마음이 푸근한 아주머니다. 여행자에게 전화국 소파에서 자라고 호의를 베풀기가 쉽지 않기에 말이다.

자정이 다 되어 라야가 아닌 친구 올랴가 나타났다. 소나기 때문에 집 전화와 핸드폰이 몇 시간 동안 불통되었다고 한다. 첫날부터 재미있는 카자흐스탄 여행이 시작된다.

라야가 빌려 놓은 아파트 방에 방송이 두세 개밖에 나오지 않는 흑백 TV가 정겹다. 그리고 아주 오래된 책장과 책들, 벼룩시장에서나 볼 수 있는 레코드판들이 그런대로 어울린다. 전형적인 CCCP, 즉 소비에트 사회주의 공화국 연방 스타일이다.

2년 만에 다시 만난 라야와 밤새도록 대화를 나누고 싶었지만, 내일 중요한 시험이 있다고 해 아쉬웠다.

이제 유라시아의 심장부이자 실크로드의 한복판에서 중앙아시아 여행이 시작된다.

알마티 판필로프 공원 28인 전사의 묘

내게 아주 특별한
'사과의 도시' 알마티

1998년 첫 여행 때부터 친근하게 다가온 알마티. 오늘은 발길 닿는 곳으로 산책을 나갔다. 새로 생긴 쇼핑센터와 은발의 아가씨들이 담소를 나누며 커피를 마시는 야외 카페와 레스토랑은 그동안 헤아리기 어려울 정도로 늘어났다.

그리고 손자손녀와 함께 공원 벤치에 앉아 책을 읽고 있는 할아버지 할머니와 사랑을 속삭이는 연인들의 모습은 언제 봐도 평화롭다.

막 여름에 접어든 알마티 거리를 걷다가 거의 반라 차림으로 다니는 아가씨들 때문에 전봇대에 부딪칠 뻔한 적이 한두 번이 아니다. 얼마 전까지만 해도 이곳이 옛 소련 공산국가였나 하는 의심이 들 정도다.

거리에는 제정 러시아 냄새가 물씬 풍기는 건물들이 들어서 있고, 꼭주베로 올라가는 산자락에는 세계에서 가장 높은 곳에 위치한 메데오 스케이트장이 있다. 숲이 우거진 도심 공원과 무성한 가로수도 그렇지만 해발 600~900m 산으로 둘러싸여 있어 공기가 맑고 상쾌하다.

알마티에 오면 자주 찾는 곳이 있다. 라핫 팔리스 호텔 가반나 나이트클럽이다. 분위기는 촌스럽지만 알마티 최고의 미녀들이 초미니 스커트를 입고 가슴과 허리와 엉덩이를 따로따로 움직이며 춤을 춘다. 아름다운 튀르크계 아가씨들이 젊음을 발산하는 이 나이트클럽은 알마티를 찾는 여행객들에게 활기를 불어넣어 주는 곳이며, 광화문 세종문화회관만 한 아라산 사우나와 함께 이 도시에서 청량제 역할을 톡톡히 하고 있다.

알마티에서 대리석으로 만든 아라산 사우나를 빼면 별 없는 사막과 같다. 이 사우나는 대중탕과 가족탕, 연인탕 등이 있고 저렴하게 목욕을 즐길 수 있어 러시아를 비롯해 다양한 사람들의 목욕 습관을 엿볼 수 있는 곳이다.

세계에서 아홉 번째로 넓은 나라 카자흐스탄에는 제2대 옛 소련 공산당 서기장 스탈린의 소수민족 이주정책에 의해 연해주에서 강제 이주된 10만여 명의 고려인이 살고 있다. 경제 수도 알마티의 인구는 1917년에는 3만 4천여 명에 불과했지만, 지금은 120만 명이 넘는 거대한 도시다.

카자흐는 '반역자'라는 뜻인데, '도망자'라는 뜻도 있고 '방랑자'라는 뜻도 있다, 옛 수도 알마아타는 '사과의 아버지'라는 의미로 19세기 러시아의 요새로 출발하여 '베르니'라고도 불렀다.

알마티 아라산 사우나

실크로드를 따라 중앙아시아를 향해 가는 겨울 기차 여행도 환상적이지만, 푸른 숲과 어우러진 한여름도 형용하기 어려울 정도로 아름답다. 이런 매력에 이끌려 일 년에 두 차례씩 찾아갈 만큼 중앙아시아를 여행했으니 나도 어지간하다. 남들이 야릇한 시선으로 보는 것도 당연하다.

무엇 때문에 그토록 자주 중앙아시아를 찾게 되었을까? 아마 초원 위의 유목민들을 만나기 위해서였을지 모른다. 초원에서 유목 생활을 하는 카자흐인들처럼 나도 현실에 정착하기보다 떠돌고 싶었던 건 아닐까?

배낭을 메고 떠날 땐 나도 유목민이다. 이탈리아 산레모 가요제에서 두 번이나 대상을 차지한 칸초네 가수 니콜라 디 바리의 'Vagabond'를 번안해 부른 '방랑자'처럼 나는 지금도 헤어나지 못하고 있다.

방랑자여! 방랑자여! 기타를 울려라!
방랑자여! 방랑자여! 노래를 불러라!

중앙아시아는 나에게 마약과 같은 곳이다.

친구에게 선물받은 귀중한 산악용 시계를 알마티에서 잃어버렸다. 아주 오래전 히말라야 원정을 떠났다가 돌아오지 못한 그 친구의 유품 중 하나였는데 그만 잃어버렸다. 나는 알마티에서 그 시계처럼 멈추고 싶다.

꼭주베에서 내려다본 알마티

신장 위구르 상인들의 주무대인 발하호카 시장을 돌아보았다. 알마티에서 가장 큰 이 재래시장엔 중국 상품이 주류를 이루고 있다. 여기서 양 한 마리를 통째로 구워 멋진 칼로 쓱쓱 잘라먹는 케밥은 서울에서 먹던 것과는 비교할 수가 없다.

꼭주베로 가는 거리는 변한 것이 없지만 알마티 신시가지에는 새로 지은 주택들이 셀 수 없이 많다. 몇 년 전부터 형성되기 시작한 신흥 주택지엔 대부분 각국 대사관과 상류층 저택이 들어서 있다. 그곳은 말 그대로 으리으리한 아방궁 같다.

내가 초대받은 집도 대지 수천 평에 방이 몇 개인지 헤아릴 수 없을 정도다. 수영장과 테니스장은 물론, 마당에 조깅 트랙까지 있다. 백여 명이 연회를 즐길 수 있는 파티장과 사우나 시설은 기본이고, 각종 고기를 저장해 둔 냉동 창고까지 있다. 그것도 모자라 보드카와 와인은 쇼핑몰에 온 것 같은 착각을 일으킬 정도다.

나를 초대한 주인은 여행 그만하고 여기서 평생 같이 살자며 웃었다. 카자흐스탄 최상류층의 부와 여유를 경험했다.

꼭주베에서는 알마티 시가가 한눈에 내려다보인다. 높은 건물 몇 개만 빼면 온 시가지가 푸른 숲에 가려 잘 보이지 않는다. 나무들이 얼마나 울창한지 삭막한 서울의 거리와 비교가 되어 입맛이 씁쓸했다.

20여 년 전 옛 소련 친구들이 서울에 온 적이 있다. 러시아와 카자흐스탄을 비롯해 각 공화국에서 클래식 음악을 전공한 이들은 도착하자마자 첫마디가 이렇게 숨 막히는 곳에서 어떻게 사느냐며, 서울 공기는 산소가 부족하여 숨을 헐떡이는 어항 속 같다고 했다.

꼭주베 앞쪽엔 신흥 갑부들의 대저택이 즐비하다면, 뒤쪽엔 주말 별장인 다차가 산꼭대기까지 빼곡히 들어서 있다. 제4대 옛 소련 공산당 서기장 흐루쇼프가 무상으로 나눠 준 별장으로 몇 평짜리부터 제법 큰 것까지 있다. 이곳 사람들은 주말에 음식과 보드카와 샤슬릭을 준비해 다차에서 가족들과 즐거운 시간을 보낸다.

꽤 유명한 레스토랑에서 말고기 요리를 먹었다. 예부터 중요한 손님이 오면 말고기를 접대하는 것이 이곳의 습관이다. 그런데 무대에서 춤을 추는 아가씨들 때문에 말고기가 입으로 들어가는지 코로 들어가는지 넋을 잃고 보다가 맛있는 말고기가 다 식어 버렸다. 아가씨들은 인종 전시장이라 할 만큼 다양한 매력이 있다. 자정을 넘어 새벽 1시로 접어드는 평일인데도 자리를 뜨는 사람이 없다.

거리의 희미한 가로등과 겉으로 보기엔 죽은 듯 조용한 알마티의 속을 들여다보면 아주 활기찬 밤 문화를 느낄 수 있는 곳이 있다. 아가씨들의 독무대인 나이트클럽이다. 그들은 아찔할 만큼 꽉 끼는 셔츠와 초미니 스커

트를 입고 춤을 춘다. 그 자신감 있는 모습을 아름답다고 해야 할지 아리송하다.

알마티에서 최고의 재미는 역시 산책이다. 시내 곳곳에 문인들의 동상과 영웅들의 흉상이 옛 건물과 잘 어우러져 있다. 어떻게 보면 난립해 있는 듯 보이지만 꼭 있어야 할 자리에 있는 것 같다.

더운 날씨지만 숲이 우거져 시원하게 느껴진다.

도시는 평화롭고 사람들의 모습은 자유롭다.

알마티에서 서쪽으로 약 3,200km 이상 떨어진 카스피해의 악타우부터 다시 기차 여행을 준비한다. 악타우를 시작으로 아티라우-키질로르다-제스카즈간을 지나 지금의 수도인 아스타나를 향해 떠날 2주간의 기차표를 예매했다. 카자흐스탄을 2주간 기차로 여행하는 데만 약 100달러 정도 든다.

라야의 집에서 홈스테이를

일주일간 머물던 아파트에서 라야의 집으로 옮겼다. 홈스테이다.

라야의 부모님은 만두와 샐러드, 독한 보드카를 곁들인 저녁 식탁에서 나에게 질문을 했다. 우리나라에 대해 무척 궁금한 모양이다. 뉴스를 통해 눈부시게 발전한 경제와 한국 사람들이 점점 늘어나는 알마티에서 라야가 한국과 인연을 맺었으면 하는 눈치였다. 자신들은 고생스럽게 살아왔지만 딸은 좀 더 편하게 살았으면 하는 부모 마음인 것이다.

나에게 라야의 방에서 자라고 한다. 몇 번이나 사양했지만 손님이니 편안한 방에서 지내라며 막무가내였다. 나는 얼떨결에 라야의 침대를 차지하게 되었다. 아담한 책상과 책 그리고 작은 테이블이 전부인 그녀의 방은 소박하기 그지없다.

옛 소련 시절 대학생 때 찍은 라야의 흑백사진이 매우 이국적이다.

국립공원에서 낚시하는 무슬림 여성

알라타루 국립공원을 찾았다. 알마티에서 동쪽으로 57km 떨어진 거리를 1시간 30분 정도 가면 투르겐에 위치한 공원에 도착한다. 신장에서부터 시작된 톈산산맥의 중간 지점에 카자흐족들이 살고 있는 이곳에는 눈이 녹아 흘러내리는 폭포수가 장관이다. 한 중년 부부는 비키니 수영복 차림으로 산을 오르고 있다. 그것 참!

'르벌노브나예 호자이스뜨봐'라는 물고기를 키우는 곳에서 걸음을 멈췄다. 숭어와 잉어를 키우는 어업 양식장이다. 옛 소련 시절에는 공산당 간부들이나 먹을 수 있었다는 팔뚝만 한 물고기를 낚는 낚시터다.

히잡을 쓴 무슬림 여성들이 어린아이와 함께 낚시를 하는 모습이 눈에 띄었다. 신기해서 얼른 카메라에 담았다. 그들은 고기를 잡아 그 자리에서 구워 먹기도 하고 비료 포대에 담아 가기도 한다. 또 큰 물고기를 주머니에 넣어 가지고 가는 사람도 있다.

내일부터 다시 시작되는 카자흐스탄 기차 여행이 불안해 보였나 보다. 라야의 부모님은 바람도 불고 볼 것도 없는 위험한 서부 지방에 가지 말고

여기 알마티에 편안히 있다가 가는 것이 좋겠다며 만류한다.

꼭 가겠다면 안내인과 함께 가라면서 부엌 창고에서 보드카를 꺼내 주었다. 스미르노프 보드카다.

옛 소련식 부엌은 바닥을 열면 사다리를 타고 내려갈 만큼 깊고 널따란 공간에 각종 음식과 잼, 보드카 등을 넣어 둔다. 40도부터 시작한 보드카는 45도, 50도 도수가 점점 올라간다. 맥주잔으로 몇 잔째 보드카를 마시는데, 옆에 있는 라야가 독한 보드카를 왜 그리 많이 마시냐며 핀잔을 한다. 그동안 중앙아시아를 여행하면서 생긴 습성 중 하나다.

보드카를 벌컥벌컥 마시고 나니 또 자정이 넘었다.

악타우로 가는 기차 안에서 3박4일

아침 일찍 라야와 함께 집을 나서는데 그녀의 부모님은 알마티를 벗어나면 위험하니 조심하라며 손수 담근 된장과 딸기잼을 넣어 준다. 라야 부모님 말씀대로 지방으로 가면 상당한 위험이 따른다.

옛 소련이 해체되고 독립한 공화국들은 정치적·종교적·인종적 갈등으로 갈팡질팡하고 있다. 하지만 세상을 돌아보는 것보다 더 큰 즐거움은 없다.

과거에 이런 일도 있었다. 1999년 3개월간 실크로드를 따라 중앙아시아를 여행하고 알마티를 떠나기 이틀 전, 지인들과 환송회를 하고 새벽 2시경 아파트로 돌아가는 길이었다. 레스토랑에서 아파트까지 1km가 조금 넘는데, 여권 검사를 하는 군인 서너 명이 옛 소련제 AK-47 자동소총 개머리판으로 뒤통수를 때려 쓰러졌다. 지나가던 행인이 죽은 것으로 생각하고 경찰서에 신고를 했는데, 나중에 알고 보니 이들은 군인을 가장한 강도였다. 머리부터 온몸이 피투성인 채 병원으로 긴급 후송되어 이틀 만에 겨우 의식을 되찾았다. 여권과 카드, 현금을 모두 분실해 긴급 여행증명서를 발급받아 서울로 후송되어 치료받았던 기억이 생생하다. 겁도 없이 새벽 2시에 아파트로 걸어간 내가 잘못이다.

카자흐스탄에서는 서로 다른 종족들 간에 지역 분쟁이 발생하고, 키르기스스탄 남부에서는 키르기스족과 우즈베크족 간의 민족 갈등이, 우즈베키스탄에서는 우즈베키스탄 이슬람 운동이란 반정부 단체가, 타지키스탄에서는 타지키스탄 이슬람 부흥단이라는 반정부 단체로 중앙아시아 전 지역이 혼란스러운 상황이다. 지금 생각하면 웃음이 나오는 추억이지만 아찔한 순간이었다.

이뿐만 아니다. 카자흐스탄과 키르기스스탄이 잠시 비자를 공유한 적이 있었다. 카자흐스탄에서 중국 신장 국경선 쪽으로 키르기스스탄 비자를 가지고 출국하려는데 카자흐스탄 국경 수비대원의 실수로 불법 비자로 둔갑해 사막 한가운데 있는 간이 감옥에 갇혀 있다가 국경 수비대장의 사과를 받고 풀려난 일도 있다. 그래도 그들은 사막의 간이 감옥에 있는 나에게 식사 때 보드카와 샤슬릭은 대접했다.

키르기스스탄이 내전으로 치닫는 상황일 때 지방을 여행하다가 경찰들한테 배낭과 온몸을 벌집 쑤셔 놓듯 수색을 당한 적이 있다. 돈을 몽땅 빼앗기고 비슈케크로 쫓겨났던 일들이 새삼스럽게 떠오른다. 과거의 일이지만 무모한 시간이었다.

알마티에서 악타우까지 3,300km 3박4일의 기차 여행은 횡재를 맞은 것 같다. 6인실 쁠라치까르따 아래 칸에는 두 명의 러시아 아가씨가, 내 옆 칸에는 카자흐스탄 아가씨가 탔다. 창가 아래 칸은 의자와 테이블을 겸한 침대로 자상한 카자흐스탄 할머니 한 분이 동행하게 되었다. 웃으시는 모습이 영락없는 우리네 할머니 같다.

기차는 31시간째 끝없이 펼쳐진 스텝과 푸른 초원 위를 달리고 있다. 중앙아시아 기차 여행에서 에어컨을 생각하는 것은 사치다. 그 흔한 선풍기만 있어도 감사하다는 생각이 절로 든다. 기차 안 온도는 한낮에 34.9도까지 올라간다.

기차가 멈춘 지 한 시간이 지나도 출발할 생각을 하지 않는다. 무슨 문제가 있는가 싶어 플랫폼으로 나가 봐도 그저 평온하기만 하다. 두 시간이 지나도 마찬가지다. 시간표를 보니 떠날 시간이 한참 지났다.

기차 맨 앞으로 가보니 멋쟁이 아가씨들이 서성거리기에 이상하다 싶어 중년 신사에게 물으니 재미있는 얘기를 들려준다.

기차가 멈추면 정거장 주변 마을 사람들이 집에서 만든 각종 음식과 보드카, 과일, 채소 등을 들고 나와 파는데, 이때 거래하는 돈으로 그 마을의 생활이 유지된다는 것이다. 그래서 기차가 정차하면 예쁜 아가씨들이 기다리고 있다가 차장들과 노닥거리며 되도록 시간을 오래 끈다고 한다. 그래야 마을에 돈이 풍성해진단다.

옛 소련의 멈추어 버린 시간 속에 흑백 영화 같은 광경이니 믿거나 말거나다.

스물한 살 갈색 머리 나타샤와 열여덟 살 카자흐스탄 아가씨 수르샷 그리고 열여섯 살 귀염둥이 나이스자. 셋이서 잘 어울리는 모습이 친자매처럼 다정해 보인다.

말이 필요 없을 정도로 아름다운 아가씨들과 함께하는 기차 여행은 지루하기는커녕 3박4일이 아니라 30박40일도 거뜬히 견딜 수 있을 것 같다.

연인처럼
아가씨 무릎에 기대어

남자들은 대부분 윗옷을 벗고 있다. 오후가 되니 세면대와 화장실에 물이 나오지 않아 죽을 맛이다. 기차가 정차할 때 물을 보충하게 되는데 그때 남자들은 페트병에 물을 담아 플랫폼에서 등목을 하기도 하지만, 여자들은 이러지도 저러지도 못하고 새벽 2시경 물이 나올 때까지 기다려야 한다.

창밖의 말라붙은 호수는 하얀 소금으로 엉겨 있어 방금 눈이 내린 것 같은 착각을 불러일으킨다. 가도 가도 끝이 보이지 않는 초원 위의 호수는 말이 호수지 몇 시간을 달려도 그대로여서 얼마나 큰지 가늠이 안 된다.

카자흐스탄 남부와 우즈베키스탄 북부에 위치한 아랄해도 몇 시간 전에 지났다. 대규모 면화 재배를 위해 아무다리야강과 시르다리야강의 물을 중간에 차단하고 관계용수로 사용해 수량이 70~80% 줄어들었다고 한다. 칠갑상어를 비롯해 각종 어종이 사라져 어민들도 떠나 버린 아랄해는 침한 방울도 삼키기 어렵다.

기차는 59시간째 달리고 있다. 석유 시추탑이 보이기 시작하니 서쪽으로 많이 온 것 같다. 3일간 한 칸에 있던 군인들과 아가씨들은 벌써 몇 년간

사귄 연인처럼 아가씨의 무릎에 기대어 음악을 듣는다. 음료수를 같이 나눠 마시고 음식도 요리해서 함께 먹는다.

나라가 하도 넓다 보니 그들의 생활에서 생겨난 자연스러운 현상이다. 누워서 며칠씩 기차 여행하는 것이 이 사람들에게는 삶의 일부분이다. 문화가 다른 만큼 기차 여행이 흥미 있는 건 당연하다.

씻지 못해 얼굴은 물론 목과 어깨가 끈적끈적하다. 침대 시트는 여러분의 상상에 맡기고 싶다. 몸무게가 100kg은 될 것 같은 여성 역무원이 담배를 피우며 나에게도 한 대 권한다.

이제는 중앙아시아의 기차 안이나, 시베리아 횡단기차 안이나, 신장으로 가는 기차 안의 자욱했던 담배 연기는 한 장의 추억으로 넘긴다. 혼자 악타우에 뭐하러 가느냐면서 그곳에 도착하면 심심하지는 않을 거란다. 쭉쭉 빠진 아가씨들이 많다며 손으로 몸매를 그려 보였다.

조금 전 생수를 팔던 열 살 안팎의 소녀가 눈앞에 아른거린다. 1.5리터 생수 한 병이 보통 70텡가, 우리 돈으로 600원 정도 하는데, 무심코 100텡가를 건네자 소녀의 지갑엔 단돈 20텡가밖에 없다. 큰 눈을 껌뻑이며 다른 사람한테 물을 사면 어떻게 하나 조마조마하며 내 눈치를 살피던 그 소녀의 얼굴이 창가에 스친다. 잔돈은 필요 없다고 하자 남아 있는 20텡가를 건넨다.

푸르디 푸른
카스피해에 흠뻑 빠지다

약 3,300km를 3박4일간 69시간을 달려 카자흐스탄의 서남쪽 카스피해에 위치한 석유의 도시 악타우에 도착했다. 나타샤, 수르샷, 나이스자는 종점 악타우에 도착하자 쌀가마니같이 큰 보따리를 들고 각자 제 갈 길 가기에 바쁘다.

내가 제일 먼저 찾아간 곳은 역무실에 있는 파출소다. 카자흐스탄 비자로 악타우에 도착했다는 간이 등록을 하기 위해서다. 카자흐스탄에 입국할 때 오비르에 등록한 것이 큰 신고라면, 지방을 여행할 때마다 등록을 해야 하는 건 작은 신고에 해당한다.

악타우에서 3일 미만은 간이 등록으로 대신하지만, 3일 이상은 거주지 신고를 해야 한다. 카자흐스탄의 모든 지방에서 3일 이상 머무를 때는 카자흐스탄에 입국할 때처럼 반드시 오비르 등록을 해야 한다.

간이 등록을 한 경우 악타우에 들어올 때 가지고 온 기차표나 버스표를 가지고 있어야 문제가 발생하지 않는다. 러시아에서 버스를 타고 내릴 때까지 버스표를 꼭 가지고 있어야 하는 것과 같다. 시도 때도 없이 버스표를 검사하러 올라오기 때문에 주의해야 한다.

역무원에게 기차표를 달라고 하는 것도 반드시 잊지 말아야 한다.

또한 호텔 영수증도 꼭 챙겨야 한다. 그러잖으면 악타우를 떠날 때 곤경에 처할 수 있어 빠짝 신경 써야 한다. 그래도 외국인이라 좀 상냥하지만, 여전히 고압적인 태도가 언제 터질지 모르는 풍선 같다.

그리고 기차역은 사진을 찍을 수 없다. 공공기관도 반드시 허락을 받아야만 한다. 악타우도 그렇고 중앙아시아 전 지역에서 사진을 찍을 때 조심해야 한다. 세월이 흘러 허락을 받고 사진을 찍을 수밖에 없었던 이 시간도 추억으로 남을 것이다

악타우 기차역에서 시내까지는 15km 정도 떨어져 있다. 도심으로 향하는 길가에는 시꺼멓게 녹슨 석유 파이프가 거미줄처럼 어지럽게 이어져 있다. 요즘 말도 많은 카스피해 석유 파이프다. 너무 녹이 슬어 제대로 석유를 공급할 수 있을까 의문이 들 정도다. 그래도 이 넓은 땅덩어리에 아무런 문제 없이 석유를 공급하고 있다.

전형적인 옛 소련 스타일인 악타우 호텔에는 여직원 혼자서 일을 처리하고 있다. 걸려온 전화를 받으며 40달러가 제일 싼 방이라며 잘 건지 갈 건지 결정하라는 눈치다. 여행자라고 하자 25달러로 깎아 주겠단다. 한 번 더 부탁하자 상대하기 싫다는 표정으로 20달러에 재워 주겠다고 한다. 손님이 왕이 아니라 주인이 왕임을 다시 한 번 실감한다.

4층 방에서 카스피해가 한눈에 들어오니 그것만으로도 20달러 값어치는 충분하다. 카스피해는 러시아 남서부와 카자흐스탄, 투르크메니스탄, 아제르바이잔, 이란의 북부로 둘러싸인 세계 최대의 내해로 면적은 자그

마치 37만 1,000km^{2}다. 제일 깊은 곳은 980m나 되고 남북 1,200km, 동서 300km, 둘레가 7,000km라니 할 말이 없다. 특히 철갑상어 알인 캐비어와 함께 얼려서 먹는 꿀 같은 보드카 맛은 천하일품이다.

나는 오늘 몇 번 미쳤던 것 같다. 3박4일간 함께 기차를 타고 온 세 아가씨와 헤어진 것이 미칠 지경이고, 배낭을 던져 놓고 달려간 카스피해 해변에 미쳐 버렸다. 또한 카스피해에서 수영을 하는 아가씨들을 보는 순간 제정신이 아니었다. 눈부신 금발의 인어도 보았다. 보일 듯 말 듯한 비키니 수영복을 입은 아가씨들이 나를 혼수상태에 빠지게 했다.

중앙아시아는 어딜 가나 매혹적인 아가씨들이 제일 큰 문제다. 지독한 보드카 한 잔을 마셔야 정신을 차릴 수 있을 것 같다.

기차 여행을 가장한 산업 스파이?

새벽 1시경 맥주 생각이 나서 호텔 1층 카페에 내려간 것이 화근이 되어 하루 종일 보드카에 취해 있었다. 같은 시간 체크인을 하면서 만난 시지토브를 호텔 카페에서 우연히 만나 맥주를 마시게 되었다.

호텔 1층 카페라고 하면 분위기 있는 곳이라고 생각하겠지만 엉성하기 짝이 없다. 맥주나 보드카보다 각종 생활용품이 더 많다. 성냥부터 빵, 커피, 우유까지 잡화점이다. 또 텅 빈 진열대가 더 많지만 그래도 카페는 카페다. 그런데 이곳에서 일하는 아가씨들도 상상을 초월할 만큼 예쁘다.

맥주를 얻어먹었으니 자기가 한 잔 사겠다며 호텔 옆 카페로 자리를 옮겼다. 이곳에서도 간단하게 먹을 수 있는 건 보드카와 과자와 햄이 전부다. 그런데 시지토브의 친구가 합석하면서 길어지고 말았다.

카자흐스탄 국영가스공사 카즈트랜스 본사가 있는 알마티에서 악타우로 출장을 왔다는 그들은 옛 소련 시절에는 대학에서 학생들을 가르치던 교수였다. 그들은 카자흐스탄 서남쪽에 위치한 석유밖에 없는 악타우에 한국 사람이 왜 기차 여행을 왔는지 이해가 안 간다는 표정이다.

카자흐스탄이 좋아 기차 여행을 왔다고 하니 도저히 믿을 수 없다며, 분명 악타우의 산업 시설을 돌아보려고 기차 여행을 가장한 산업 스파이가 아니냐는 것이다. 솔직하게 대답해 달라는 그들의 얼굴은 007영화에 나오는 사람들처럼 사뭇 진지했다. 그러면서 러시아 사람답게 보드카를 밤새도록 마시자고 하더니, 나중에 다시 알마티에서 만나자며 돌아서는데 "스파이!" 하면서 손을 흔들었다.

그들은 진짜 내가 여행자가 아닌 무슨 목적을 가지고 온 사람으로 믿는 모양이었다. 밋밋한 악타우에 석유를 빼면 아무것도 없으니 그렇게 생각할 수도 있을 것이다.

카스피해를 뒤로하고 호텔을 나서는데 한국 사람이냐며 다정하게 말을 건네는 사람이 있었다. 인자하게 생긴 학자풍의 노신사였다. 서울에서 온 여행자라고 하니 알마티도 아스타나도 아닌 이 먼 곳에서 한국 사람을 만날 줄 몰랐다며 몹시 놀라는 표정이었다.

알마티 민족종합학교에서 '노동과 사회' 강의를 한다는 그는 일본 NHK 방송국에서 카스피해 석유 매장량에 대한 취재를 왔는데, 일본어 통역으로 4박5일간 악타우에 출장을 왔다고 한다.

고려인으로 일본어 통역을 한다는 것이 좀 이상해서 물었다. 잠시 생각하던 그는 고향은 평양이고 모스크바에서 일본어 유학을 했는데, 귀국하라는 북한의 명령을 거부하고 카자흐스탄으로 몰래 건너와 카자흐스탄 국적을 얻었다고 한다. 러시아어는 물론 카자흐어, 일본어, 영어, 한국어에 능통하여 시간이 있을 땐 통역으로 약간의 돈벌이를 한다고 했다.

카자흐스탄 여행을 마치고 알마티에 오면 꼭 자기 집에 들르라면서 기차에서 먹으라고 햄버거 세 개를 배낭에 넣어 주었다. 그리고 기차역으로 가는 택시를 태워 주며 더 늦기 전에 예쁜 색싯감을 알아보겠다는 그분은 김종훈 교수다.

아티라우로 향하는 4인승 쿠페 기차를 탔다. 카스피해 북쪽에 위치한 아티라우는 러시아의 아스트라한과 접해 있는 국경 도시다.

내 옆 침대에는 카자흐스탄 아가씨 알피아가 누워 있다. 위쪽 침대에는 윗옷을 벗고 왔다 갔다 하며 더위를 참지 못하는 러시아 청년 데니스가 자고 있다.

벌겋게 달아오른 피부가 화끈화끈하다. 카스피해 해변에서 예쁜 아가씨들을 바라보다가 미끄러져 삐끗한 오른쪽 손목마저 쑤시기 시작한다. 그래도 나는 오늘 밤 내 손목을 아프게 만든 그 아가씨들을 꿈속에서 다시 만나고 싶다.

아티라우에서 우랄강을 품에 안고

약 900km 되는 거리를 완행기차로 19시간 30분을 달려 아티라우에 도착했다. 느긋한 마음과는 달리 몇 날 며칠 기차를 타고 달리는 것은 육체적으로 쉽지 않은 여행이다. 한두 번 타고 여행을 끝내는 것이 아니기 때문에 체력 조절을 잘 해야 한다.

지금처럼 무더운 여름날에는 탈진하기 십상이다. 3등칸이나 2등칸이나 선풍기가 없는 것은 마찬가지다. 문을 닫고 자야 하는 2등칸보다는 오히려 닫을 문이 없는 3등칸이 훨씬 시원하다.

카스피해에서 검게 그을린 피부가 화끈거려 잠을 설쳤다. 미끄러져 다친 오른 손목이 부어올라 배낭을 들어올리기도 버겁다.

이름도 예쁜 알피아가 내 옆 침대에서 새근새근 자고 있다. 타타르인 아버지와 카자흐스탄인 어머니 사이에 태어난 알피아는 악타우에 출장을 왔다가 아티라우로 돌아가는 길이라고 한다. 카자흐스탄에서는 보통 열여덟 살 때 결혼을 하는데, 그녀는 앞으로 몇 년은 결혼할 생각이 없단다. 그러면서 나에게 왜 혼자냐고 묻기에, 알피아처럼 눈이 예쁜 아가씨를 만나려고 기다리다 보니 이렇게 되었다고 하자 방긋 웃었다.

악타우 역보다 다섯 배나 커 보이는 아티라우 역에는 유난히 경찰들로 북적거렸다. 승객은 눈에 띄지 않고 경찰밖에 보이지 않는다. 오비르가 어디냐고 물으니 3일 이상 머물지 않을 거면 지금 타고 온 기차표만 있어도 문제없을 거라고 한다.

걱정되어 다시 한 번 물어도 문제없단다. 코에 걸면 코걸이 귀에 걸면 귀걸이로 무슨 문제든 만들면 문제가 되는 곳이니 안심할 수 없다.

넓은 정원에 우랄강을 끼고 있는 사나토리야시 호텔에 들어서니 15달러짜리 방은 눈을 씻고 봐도 없다. 최하가 75달러다. 2년 만에 호텔비가 이렇게 많이 올랐냐고 하니 말이 필요 없단다. 여기서도 잘 건지 갈 건지 둘 중 하나만 선택하란다.

1km쯤 걸어 아크자이크 호텔에 가서 제일 싼 방을 달라고 하니 24달러란다. 우랄강이 한눈에 내려다보이는 이 방도 카스피해가 한눈에 들어오던 악타우 호텔 방처럼 환상적이다.

지금 아티라우의 기온은 39.8도. 샤워를 하려고 수도꼭지를 돌리자마자 펄펄 끓는 물만 쏟아져 나와 온몸에 화상을 입을 뻔했다. 찬물은 안 나오고 고치려면 시간이 걸리니 식혀서 샤워를 하란다. 이런 상황은 코미디다.

산이 없는 아티라우는 겨울과 여름에 약 80도에 이르는 살인적인 연교차가 나타나는데, 숨도 쉬기 어려운 날씨에 100도짜리 물만 쏟아져 나오니 말 그대로 통닭 신세를 겨우 면했다.

그리고 옛 소련제 흑백 TV는 20분을 견디지 못하고 브라운관이 폭 꺼져 버렸다. 그것도 모자라 외출할 때마다 문이 잠기지 않아 8층에서 일하는

아주머니 신세를 져야만 했다. 열쇠가 이상하다고 하니 아주머니는 나와는 무관한 일이니 1층에 내려가서 말하란다. 프런트 아가씨는 저녁에 수리해 주겠다는데 믿어도 될지 모르겠다.

용광로 같은 물에, 흑백 TV에, 방문 열쇠까지 원시 시대 그대로다. 신장의 몇 배나 돈을 내고도 푸대접을 받았지만, 나는 이러한 불편함도 우랄강을 바라볼 수 있는 것과 바꾸지 않겠다.

여기서는 잠을 잘 수 있는 호텔이 있는 것만으로도 다행으로 생각해야 한다. 그렇다고 하소연할 만한 곳도 마땅치 않다. 우랄강을 바라보는 지금은 어떤 것과도 비교할 수 없을 만큼 행복하다.

아티라우 도시 전체가 한눈에 들어오고 오른쪽에는 시청사가 우뚝 솟아 있다. 바로 눈앞의 레닌 거리에서는 사랑을 속삭이는 연인들이 보인다.

아티라우에서 서쪽으로 350km 이동하면 러시아 국경 관문인 아스트라한이 나온다. 시내 곳곳에는 유럽과 아시아의 가운데 위치한 도시라는 푯말이 당당하게 서 있지만, 유럽 냄새가 짙게 깔려 있다.

아티라우 신시가지는 아시아에 속해 여기서 보드카와 샤슬릭을 먹고, 구시가지 유럽에서 맥주를 마시면 아티라우에서 아시아와 유럽을 모두 경험하게 된다. 우랄강을 사이에 두고 대륙이 바뀐다. 달랑 침대 하나밖에 없지만, 오늘 밤은 시원한 밤공기를 맞으며 우랄강을 품에 안고 잠이 든다.

열리지 않는 호텔 방문

오전 10시에 출발하는 기차를 타려고 7시에 일어나 배낭 정리를 했다. 호텔에서 기차역까지는 15분 정도면 충분하다. 한 시간을 앞두고 버스를 탈 생각으로 호텔방을 나서는데 또 방문 열쇠가 말썽이었다. 아무리 해도 열쇠는 헛돌기만 할 뿐 방문을 열 수가 없다.

할 수 없이 방 안에서 큰 소리로 일하는 아주머니에게 문을 열어 달라고 부탁하고 기다렸지만, 어쩔 수 없는 모양이다. 드디어 어젯밤에 방문 열쇠를 수리해 준 수리공 두 명이 올라와 야단법석을 떨었다.

그때까지 소요된 시간이 40분을 넘어 이제 기차 시간까지 20분밖에 남지 않았다. 두 남자가 땀을 뻘뻘 흘려도 방문은 꼼짝도 하지 않는다. 기차 출발 시간은 다가오고 방문을 부셔서라도 문을 열어 달라고 호텔이 떠나가도록 소리를 지르자 문짝을 아예 뜯어내고 말았다. 일하는 아주머니는 어제의 당당함은 어디 갔는지 고개를 숙이고 있었다.

1층 프런트 아가씨는 연신 미안하다면서 공항까지 갈 택시를 잡아 놓았다고 했다. 동글동글한 눈을 바라보니 목까지 차올랐던 말 대신 한숨만 나왔다. 웬 공항인가 싶어 생각해 보니 내가 방에서 시간이 몇 분 안 남았다

고 한 소리를 비행기 시간으로 착각했던 모양이다.

택시기사에게 가능한 한 빨리 기차역으로 가자고 하니 정말 엄청 달렸다. 중앙선을 넘는 건 기본이고, 신호등은 웬만하면 무시하고 기차역에 도착하니 기차가 연기를 내뿜으며 출발하고 있다. 카레이서 택시기사 덕분에 기차를 타긴 했는데, 아침부터 기운을 다 빼 맥이 확 풀려 버렸다.

간신히 올라탄 침대칸에서 나를 기다리는 건 필로폰을 맞은 것처럼 흰 눈동자만 보이는 카자흐스탄 부부였다. 여간해서 만나기 어려운 무례하기 짝이 없는 카자흐스탄 부부와 침대칸을 같이 쓰게 되었다. 그들은 열두 시간을 자고 한낮엔 먹기만 하고 자고 먹고 또 자고… 마치 겨울잠을 자는 동물 같았다.

자그마한 식탁은 양보할 생각은 전혀 없고 오로지 그들만의 자리다. 중앙아시아를 여행하면서 수많은 사람을 만났지만, 오늘처럼 예의 없는 카자흐스탄 사람은 처음이었다.

그래도 환자처럼 누워 있는 이들 덕택에 아주 오랜만에 조용한 기차 여행을 했으니 오히려 고맙다고 해야 할까.

도대체 이런 곳에서 어떻게 살아갈까 싶은 생각이 들 만큼 무더운 아티라우를 출발해 12시간이 지날 무렵 엠바 역에 도착했다.

알마티와 시차가 한 시간으로 좁혀졌다. 파삭파삭 말라 버린 빵조각처럼 끝없이 펼쳐진 스텝 위에 동물들이 어슬렁거리고 있다. 사람은 없고 동물들의 세상이다.

고려인의 삶의 터가 된 키질로르다

카자흐스탄의 지친 땅 키질로르다에 도착했다. 여기가 바로 봉오동 전투와 청산리 전투를 승리로 이끈 독립운동가 홍범도 장군이 여생을 보낸 곳으로, 1937년 스탈린의 소수민족 강제이주 정책에 따라 이곳으로 쫓겨난 고려인들의 삶의 터가 된 키질로르다.

1,600km를 28시간 동안 달려 오후 2시에 도착한 이곳은 죽어 있는 듯 숨을 쉴 수가 없다. 가슴이 콱콱 막혀 왔다. 부스스한 건물들도 더위를 이기지 못하고 곧 주저앉아 버릴 것만 같았다.

파출소를 찾아가 신고를 하니 내 여권을 살펴본 경찰관은 귀찮다는 듯 3일 이상 머물 거면 다시 오라고 한다. 경찰관들도 모두 더위를 먹은 표정이다.

제일 큰 서점에 가서 지도를 구하러 왔다고 하자, 아가씨는 고개만 좌우로 흔들었다. 옆에서 내 말을 듣던 아주머니 한 분이 키질로르다에는 지도를 파는 곳이 없다며 내 노트에다 직접 지도를 그려 주었다. 그러면서 영어를 배우기 시작한 지 3개월밖에 안 되었는데 안내를 해 주고 싶다고 한다. 러시아어도 괜찮다고 하니 굳이 영어로 한단다.

서점에서 우연히 만난 낯선 여행자에게 아무 조건 없이 시간을 내주기가 쉽지 않은데…. 그 정성이 고마웠다.

키질로르다 시내는 나중에 봐도 늦지 않으니 해가 떨어지면 돌아보기 어려운 외곽으로 나가자면서 도무지 믿기 어려울 만큼 싼값으로 택시를 불렀다. 5시간 자가용 택시를 빌리는 데 350뎅가, 미화 2달러가 조금 안 되는 돈이다.

그녀는 카자흐스탄 전통 집을 구경시켜 주겠다며 나를 끌고 안으로 들어갔다. 남자 아이 여섯 명이 나를 멍하니 바라보았다. 이렇게 적극적으로 키질로르다를 안내해 준 아주머니는 알고 보니 마흔다섯밖에 안 된 할머니다. 치아를 모두 금으로 장식한 이 할머니 이름은 나디차다.

옛 소련이 해체되면서 유행처럼 번졌던 인터걸이 키질로르다에 다시 등장했다. 이들은 주로 호텔 앞에서 호객 행위를 했는데, 지금은 강력한 단속 때문에 음성적으로만 이루어지고 있다.

추억으로만 남아 있던 인터걸의 생생한 현장을 메마른 도시 키질로르다에서 경험하게 되었다. 그것도 아무나 할 수 있는 것이 아니라 호텔 앞에서 영업권을 가진 사람은 따로 있다. 언니인 듯한 한 아가씨가 보통 서너 명의 아가씨를 데리고 영업을 하는데 한 시간에서 두 시간까지 2,000뎅가, 미화 13달러, 우리 돈 16,500원 정도다.

호텔 앞에서 영업을 할 수 없는 아가씨들은 길 건너에 있다가 호텔에서 나오는 사람에게 다가가 흥정을 한다.

폭염 속에 말없이 서 있는 허수아비같이 정지되어 있는 것 같던 키질로르다가 한밤중에는 이렇게 정열적으로 변한다.

키질로르다 코르크트 아타 기념비

녹색 벌레들과
녹색의 밤을

밤새 30분도 못 잤다. 호텔 앞에서 서성대는 아가씨들 때문이 아니다. 이렇게 벌레가 많은 도시는 처음이다. 발바닥부터 머리끝까지 안 물리고 안 가려운 곳이 없다.

고여 있지 않고 거세게 흐르는 우랄강의 아티라우도 공기 반 모기 반이었는데, 키질로르다는 벌레 반이다. 푹푹 찌는 폭염에 틀어놓은 낡은 선풍기에서는 뜨거운 바람만 윙윙대고, 벌레한테 물리고 뜯기느라 잠을 잘 수가 없었다.

일어나 불을 켜보니 침대는 물론 방안에 1cm쯤 되는 녹색 벌레들이 파티를 벌이고 있었다. 심지어 화장실에도 가득했다. 까만 밤이 아닌 녹색의 밤이 되었다.

할 수 없이 1층 로비에 내려가서 도저히 잠을 잘 수 없다고 하자 프런트 아주머니가 온몸에 바르고 자라면서 약을 주는데, 시간은 벌써 아침을 맞고 있었다.

키질로르다에서 카자흐스탄 중앙에 위치한 제스카즈간까지는 430km 정도 되는데 기차가 없다. 메마른 초원 위를 달리는 버스밖에 없다.

중앙아시아 다섯 공화국에서 버스로 갈 수밖에 없는 길 중에 타지키스탄 수도 두샨베에서 후잔까지 300km를 12시간쯤 꼬불꼬불 달리는 길과 비슷하다. 차이점은 초원길과 산맥길이고, 공통점은 평생 먹을 먼지를 다 마시는 것이다. '고생을 사서 한다'는 말이 절로 생각나는 길이다. '집 나가면 개고생'이라는 그 길이 이 길이다.

중형버스에 의자는 25개인데 사람은 40명이 넘는다. 거기에다 세탁기만 한 보따리들이 쌓여 있고 대형 트럭 타이어까지 실려 있으니 할 말이 없다. 이건 버스가 아니고 이삿짐을 나르는 수준이다.

서울에서 부산 가는 거리인데 창밖으로 보이는 것은 어쩌다 마주치는 트럭과 낙타뿐이고, 아무리 봐도 길이라고는 보이지 않는 단조로운 초원이 전부다. 심하게 요동치는 버스는 두 사람이 겨우 앉는 자리에 억지로 끼어 앉아 왼쪽 엉덩이만 걸친 채 13시간을 달렸다. 그나마 여든이 넘어 보이는 할머니에게 그 자리를 양보한 것이 위안 아닌 위안이 되었다.

그렇게 13시간을 달려오면서 현대판 카라반들이 쉬어 가는 곳이라고는 세 군데밖에 없다. 사막 위에 있는 카자흐스탄 전통 카페는 땅을 파서 땅 높이와 지붕을 같게 하여 각자 집에서 가져온 음식이나 여기서 파는 간단한 음식을 먹는다. 그리고 트럭이나 버스에 부탁해서 가져온 물을 보관하는 대형 물탱크가 있어 오가는 사람들에게 물을 제공한다. 흙으로 만든 창고에는 음식이 있고 사막 위에 정원까지 만들어 토마토를 비롯한 야채를 가꾸어 먹는다. 지하 창고에는 보드카와 맥주를 보관해 놓았다.

이런 삭막한 초원 위에 카자흐족 아날로그 카페가 운치를 더한다. 인간의 질긴 생명력을 다시 한 번 확인한다. 드넓은 초원에서 풀을 뜯고 있는 야생 낙타들의 모습을 상상하면 환상적일 수밖에 없다. 하지만 그 환상적인 모습을 보려면 엉덩이에 땀띠 나는 것쯤은 감수해야 한다.

카자흐스탄 지도를 펴놓고 보면 동서남북 한가운데 있는 도시가 제스카즈간이다. 키질로르다에서 이곳까지 낡은 버스를 타고 가야 하는 두 지역은 야누스의 얼굴같이 판이하다.

제스카즈간 싸뜨바이브 공원

자정부터 새벽 6시까지는 완전 단수, 한낮에는 한 시간마다 두 번 물을 틀어주는 삭막한 키질로르다에 비해 제스카즈간은 싱그러운 나무들로 뒤덮여 있어 이른 아침부터 활기차고 경쾌하다.

제멋대로 뻗은 머리를 손질할 겸 미장원을 찾았다. 러시아 미용사의 피부는 하얗다 못해 눈이 부셨다. 그런데 거울에 비친 내 얼굴은 말이 아니다. 자세히 보니 얼굴이 검게 탄 것이 아니라 화상을 입은 것이다. 스킨과 로션을 발라도 돌덩이에 바르는 것 같아, 물과 비누가 맞지 않아서 그런가 하고 넘겼는데 피부가 거북등같이 갈라져 있었다.

기차 여행이 맺어 준 인연
나이스자

나는 다시 제스카즈간을 출발한 모스크바행 기차에 몸을 실었다. 카자흐스탄 수도 아스타나를 지나 모스크바로 가는 국제기차다. 제스카즈간에서 카라간다까지 530km, 카라간다에서 아스타나까지 210km를 더 달려야 목적지에 도착한다.

나는 아스타나에서 멈추지만, 이 기차는 아스타나에서 다시 약 2,700km를 더 달려가야 한다. 옆 침대에 누워 있는 몸이 불편한 일흔세 살 러시아 할머니가 불만을 늘어놓았다. 옛 소련이 해체되면서 각 공화국에 살고 있는 러시아 사람들이 이제는 소수민족으로 전락해 차별을 받게 되었고, 옛 소련 시절에는 물가나 주택 걱정은 안 해도 됐는데, 지금은 계속 오르는 물가 때문에 살기가 어렵다는 것이다.

바로 위 침대에는 모스크바 음대에서 지휘 공부를 하고 있다는 나이스자가 누워 있다. 하얀 피부와 윤기 나는 머릿결, 수줍어하는 표정과 조용조용 얘기하는 모습이 너무나 사랑스러워 여독이 풀리는 것 같다.

기차가 북동쪽으로 움직이니 초원과 사막 그리고 스텝 대신 푸른 초원이 펼쳐지기 시작한다. 키 큰 나무들이 기찻길을 계속 따라오고 가끔 나타나는 호수에는 오리 떼들이 헤엄을 치고 있다. 코끝을 스치는 바람에 풀 냄새와 나무 냄새가 물씬 풍긴다.

시골 농가의 넓은 마당에는 꽃과 채소들이 가득하고 초원에서는 아이들이 달리기를 하고 있다. 해가 저물고 호수에 비치는 달빛을 벗 삼아 나이스자와 얘기를 하다 보니 새벽이 되었다.

기차 여행을 하면서 헤어지기 아쉬웠던 적이 몇 번 있었다. 나이스자와는 헤어지는 것이 아니라 잠시 떨어져 있는 것 같은 느낌이 들었다. 나이스자는 한참 멋을 부릴 나이인데도 손톱이 밋밋했다. 하루도 거르지 않고 피아노 연습을 하기 때문에 손톱에 신경 쓸 시간이 없다고 한다. 그리고 또래 아이들이 짙은 화장에 담배를 피우고 술을 마시는 건 지나치다고 생각한다는 그녀는 훌륭한 지휘자가 되겠다며 예쁘게 웃었다.

플랫폼까지 배웅을 나온 나이스자가 꼭 연락하라며 주소를 적어 주었다. 중앙아시아 여행을 하면서 이렇게 또다시 인연이 이어졌다.

예전 지도를 보면 아스타나는 보잘것없는 아주 작은 도시였다. 1824년 군사 요새로 만들 때 이름은 '아크몰린스크'. 1950년대 제4대 공산당 서기장 흐루쇼프가 '첼리노그라드'로 이름을 바꾸고, 1992년에는 '아크몰라'로 원래의 이름으로 다시 수정했다. 그리고 1997년 알마티에서 아크몰라로 수도를 옮기고, 1998년 아크몰라에서 카자흐어로 '수도'라는 뜻을 가진 '아스타나'로 다시 이름을 확정지었다.

그런데 1991년부터 2019년 대통령직을 사임할 때까지 28년간 권력을 휘두른 카자흐스탄 초대 대통령 누르술탄 아비셰비치 나자르바예프의 이름을 따서 2019년 '누르술탄'으로 다시 수도 이름을 바꾸었다.

하지만 내국인이든 외국인이든 여행자든 대부분 아스타나로 부른다. 알마티가 경제 수도라면 아스타나는 정치 도시로, 알마티에 있는 각국 대사관들은 아스타나로 옮겨 올 생각을 하지 않는다.

내가 첫 여행을 할 때와 두 번째 여행 때 수도가 바뀌었다.

카자흐스탄의 어디를 가나 누르술탄 아비셰비치 나자르바예프 대통령의 대형 사진 아래 '2030'이라는 숫자가 꼭 붙어 있다. 카스피해에 묻혀 있는 석유와 천연가스 보유량을 바탕으로 2030년에는 선진국으로 도약할 수 있다는 대통령의 공약이다. 그때 그의 나이 아흔 살이 된다.

아스타나 전쟁 기념비

햇빛에 얼굴 화상을 입다

얼굴 피부가 더 나빠졌다. 그냥 넘어갈 상황이 아니다. 입을 벌리기도 어렵고 피부가 시꺼멓다 못해 완전히 굳어 버려 갈라진 피부 사이로 속살이 보였다. 세수를 해도 물기가 전혀 묻지 않고 스킨과 로션은 메주 덩어리에 바르는 기분이다.

기차 여행을 하면서 한 번도 음식 걱정을 하지 않았는데 화상 입은 얼굴 때문에 음식을 먹지 못하는 불상사가 생겼다. 배탈이나 설사 걱정은 했어도 피부는 전혀 생각지 않았는데 이런 일이 벌어진 것이다. 카자흐스탄 서부 사막과 스텝을 마음놓고 돌아다닌 덕분에 고생고생을 하고 있다.

어젯밤 늦게까지 연결이 되지 않던 로자와 아침에 통화가 되었다. 출근을 해야 하는 로자와 알마티로 떠날 준비를 해야 하는 시간이 맞지 않아 전화로 작별 인사를 했다. 알마티에 머물 때 따뜻하게 대해 준 큰 누님 같은 분이다.

2주 동안 카자흐스탄 여행을 마치고 알마티Ⅱ 기차역에 도착하니 고향에 온 듯 마음이 따스하다. 기차로 7,500km를 150시간, 버스로 450km를

13시간 여행하면서 다시 한 번 이 나라의 방대한 초원에 부러움을 느꼈다.

출근하기 전 기차역까지 마중 나온 라야는 새까맣게 화상을 입은 내 얼굴을 보고 아무 말도 못한 채 멍하니 바라보았다. 아스타나에서 알마티로 출발하면서 햇빛에 화상을 입었다고 전화로 말할 때까지만 해도 그저 조금 그을렸겠지, 생각했다가 막상 내 얼굴을 보고 입을 다물지 못했다.

곧바로 아라산 사우나로 향했다. 시베리아 나무 '두프'로 만든 '베니크'로 온몸을 두드리며 두 시간가량 목욕을 하고 나니 온몸에 땟자국처럼 번져 있던 새까맣게 탄 피부가 조금 벗겨졌다. 나뭇가지와 잎을 빗자루 모양으로 묶어 놓은 베니크를 뜨거운 물에 불려서 몸을 두드려 주면 뭉친 근육이 풀어지고 혈액 순환에도 도움이 된다.

옛 소련 사람들이 3월 8일 여성의날에 사랑하는 연인에게 초콜릿과 샴페인 그리고 장미 한 다발을 선물하는데 장미 한 다발을 크게 묶어 놓은 것과 흡사하다.

알마티에서 제일 유명하다는 피부과를 찾았다. 러시아 여의사가 내 얼굴과 몸을 보더니 기가 차다는 표정을 지었다. 그리고 팬티만 입고 침대에 누우란다. 의사는 얼굴을 비롯해 온몸에 크림을 바르고 뜨거운 대형 수건으로 미라처럼 내 몸을 칭칭 감더니 몇 시간이 지나서 나타났다. 잠시 후 딱딱하게 굳은 각질이 야들야들하게 변했다.

의사는 작은 수술용 칼로 내 얼굴을 바둑판처럼 갈라놓고 각질을 하나하나 뜯어내며 걱정하지 말란다. 치료를 받으면 나아질 거라는데 1회 치료비가 자그마치 20달러다. 한두 번 더 치료하고 3~4일 햇빛을 피하라면서 치료를 끝냈는데 비용이 만만치 않다. 결국 전혀 생각지도 못한 박피 시술을 한 것이다.

2주간 기차 여행을 마치고 다시 라야의 집으로 돌아왔다. 새벽마다 닭 울음소리를 들으며 일어나곤 했다. 한적한 시골에 푹 파묻혀 잠시 세상일들을 잊기로 했다.

뒤뜰에는 오이와 옥수수 그리고 각종 야채와 꽃들이 싱그럽게 자라고, 오래된 나무들이 동네를 빼곡히 감싸고 있다.

저녁 식사를 하고 라야와 동네를 한 바퀴 걸었다. 한바탕 소나기가 지나간 마을 저녁은 조용하기만 하다.

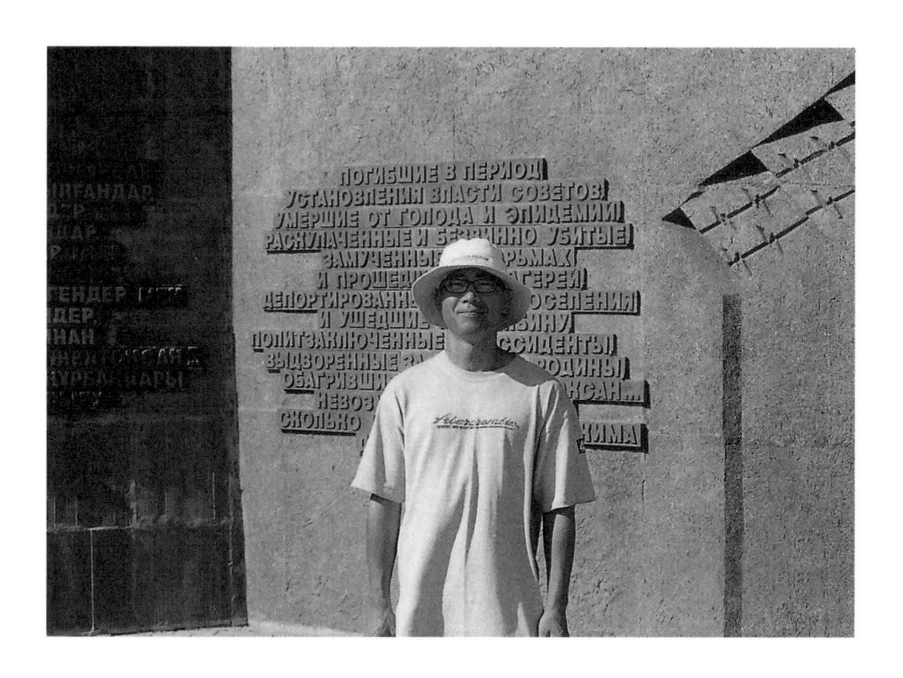

37일짜리 비자를 내준 키르기스스탄 영사

오전 10시부터 오후 1시까지 비자 업무를 보는 키르기스스탄 영사관에 택시를 타고 갔다. 중앙아시아 다른 공화국의 비즈니스 복수 비자를 보여주면서 키르기스스탄 비자도 복수로 받을 수 있느냐고 묻자, 시골스럽게 생긴 영사가 37일짜리 복수 비자를 선뜻 내줬다. 한 달이면 한 달, 두 달이면 두 달이지, 37일짜리 비자를 키르기스스탄 말고 어디서 받겠는가 싶다.

그는 1999년 사리타시에서 투르가르트 패스를 지나 신장의 카스로 국경선을 넘어가려고 비자를 받으러 갔을 때 테러가 심하니 조심하라며 비자를 내주던 그때 그 영사였다.

중앙아시아에서 가장 빈곤한 국가인 타지키스탄 대사관은 옛 소련 건물 그대로였지만, 역시 웅장했다. 소파에 앉아 기다리다 졸다가 일어나니 점심 먹으러 나갔던 영사는 오후 6시가 다 되어 들어왔다.

그는 자리에 앉자마자 먼저 초청장이 없으면 곤란하다고 말했다. 그러면서 내가 들고 있는 큼지막한 카메라를 보더니, 벽에 걸려 있는 에모말리 라흐모노프 대통령의 모습이 잘 나오도록 사진을 찍어 확대해서 갖다 주면 초청장과 비자를 곧바로 만들어 주겠다고 제안했다. 그러더니 머리를

벗고 책상 위를 정리하더니 카메라를 향해 앉았다. 참 순수하고 재미있는 영사다.

타지키스탄 한 달 관광 비자를 발급받는 데 자그마치 250달러를 요구한다. 초청장을 즉석에서 만들어 준 비용 100달러, 비자 발급 초특급 비용으로 150달러란다. 그리고 이제부터 우리는 친구가 되었으니 130달러에 해주겠다며 230달러를 내란다.

그리고 타지키스탄 두샨베에 아내와 영어를 아주 잘하는 딸이 있으니 비싼 호텔에 묵지 말고 자기 집에서 하루에 15달러를 내고 잠도 자고 예쁜 딸에게 두샨베 안내도 받으면 좋지 않겠느냐고 제안했다. 그는 명함에

알마티 세인트 니콜라스 젠코브 성당

두샨베 집 전화번호를 적어 주고는 미리 연락해 놓을 테니 도착하거든 전화를 하란다.

대사관 정문까지 영사가 직접 배웅을 하며, 중앙아시아 여행을 모두 마치고 다시 알마티에 오거든 나머지 사진들도 꼭 가져오라며 손을 흔든다. 하여튼 이 영사와 이렇게 인연이 시작되었다. 두샨베로 달려가고 싶다.

어젯밤 늦게 카스피해 악타우에서 만났던 김종훈 교수와 통화를 했다. 무슨 일이 있어도 꼭 만나야 한다고 해, 오전 11시 30분 김 교수 댁에 도착해 보니 자그마한 아파트 한쪽 벽이 책들로 가득했다. 북한에서 모스크바에 유학하여 일본어를 전공하고 지금은 대학에서 강의를 하는 교수답게 일본, 옛 소련, 한국, 유럽 관련 책들이 많다.

한쪽에는 일본 친구가 사줬다는 최신형 LCD 컴퓨터가 있고, 좋아하는 음악 CD도 1천여 장이 넘는다. 알마티에 오면 꼭 다시 만나자는 김 교수 부부의 소박한 모습이 참으로 아름다웠다.

라야와 함께
우즈베키스탄에

내가 싫어하는 것 중 하나가 병원에 가는 것이다. 그중에서도 치과는 정말 가기 싫다. 그런데 치과로 향했다. 잔뜩 긴장한 채 누워 있는데 다가온 의사는 상냥하고 예쁜 카자흐스탄 여의사였다.

3시간에 걸쳐 스케일링과 윗니 아랫니 조금이라도 이상이 있는 건 모조리 레진필링까지 해 버렸다. 이토록 시원한 스케일링과 레진필링을 받고 나니 어여쁜 의사의 치료를 받으러 알마티에 자꾸 올지 모르겠다는 생각이 든다.

나 때문에 라야가 이만저만 귀찮은 것이 아니다. 차분한 성격인 그녀는 집에서 책을 읽거나 산책을 하곤 하는데, 하루 종일 들락날락하는 나 때문에 꽤 예민해져 있다. 친구를 만나는 일도 거의 없는 그녀를 자꾸만 불러대니 겉으로는 웃고 있어도 속으로는 귀찮았을 것이다. 그것도 모자라 라야는 매일 일찍 일어나 아침 식사 준비까지 했다.

여름 휴가를 얻은 라야와 일주일간 우즈베키스탄에 가기로 했다. 여행을 가고 싶어도 선뜻 나서지 못했던 라야는 무척 좋아하는 눈치다. 나 역시

말동무가 있어 서로에게 좋은 시간이 될 것이다.

800km가 조금 넘는 거리를 14시간 동안 버스를 타고 밤새도록 달려 다음 날 아침 우즈베키스탄 체르냐예브까 국경선에 도착한다. 특유의 냄새가 나는 음식과 짐짝들로 가득 찬 버스 안에서도 대화하기를 좋아하는 사람들은 큰 소리로 떠들어댔다.

우리는 우즈베키스탄 치르치크로 가고 있다.

푸른 초원 위에 양치기들이 소와 양을 몰고 집으로 간다. 그 뒤를 송아지만 한 개들이 따라가고 있다.

라야는 저녁놀을 보며 깊은 생각에 잠겨 있고, 내 마음은 오아시스와 같다.

낯선 곳으로의 여행을 꿈꾸며 커피 향에 눈 녹듯 녹아 버리고 싶은 시간이다.

14시간 넘게 밤새 달려온 버스는 이른 아침 카자흐스탄과 우즈베키스탄 국경선 체르냐예브까에 도착했다. 국경선엔 사람들로 북적거렸다. 그 중에 타지크계 사람들이 으뜸이다. 그들이 가지고 들어가는 짐이 엄청나다. 어린아이들 손에도 커다란 보따리가 들려 있다.

그들은 국경 수비대원의 말에도 아랑곳하지 않고 자기 집 들락거리듯 활개를 치고 다녔다. 몇 마디 하던 국경 수비대원도 귀찮은 듯 그냥 넘어간다. 무거운 인생살이만큼 짐들도 무겁다.

돈 뜯어내느라 바쁜 국경선 경찰관들

서류를 작성하는 데 늑장을 부리는 국경 검문소 직원들의 행동에 익숙한 나와는 달리 라야는 성가신 것이 한두 가지가 아닌 모양이다. 카메라까지 일일이 체크하고, 돈은 얼마나 가지고 가는지, 왜 편한 비행기를 놔두고 버스로 오는지 질문을 받을 때마다 라야의 얼굴이 벌겋게 달아올랐다.

입국 서류에 달러와 카자흐스탄 화폐인 뎅가 그리고 한국 돈까지, 심지어는 카메라가 얼마인지, 귀금속이 있는지 없는지 일일이 적어야 한다. 그렇게 한 시간가량 옥신각신했다.

국경 검문소를 힘들게 빠져 나와 라야의 언니가 살고 있는 치르치크까지 50km를 가는 데 2,500숨, 2달러에 흥정하여 택시를 탔다. 그런데 출발한 지 채 10분도 안 되어 경찰관이 택시를 세웠다. 지금 막 국경선을 넘어온 나에게 거주지 등록이 없다는 말도 안 되는 이유로 경찰서에 가서 3일간 유치장 신세를 지든지, 아니면 벌금 200달러를 내라며 생트집을 잡았다.

국경선을 통과한 지 30분도 안 되었는데 무슨 거주지 등록이냐며 울화가 치밀어 소리를 질렀다. 라야가 나를 진정시키며 차근차근 처리해야지 큰소리치면 곤란해질 수도 있으니 자기가 알아서 하겠다고 한다.

경찰관은 한술 더 떠서 우즈베키스탄은 점점 폐쇄정책을 실시하고 있고 독재정치를 하는 나라란다. 또한 대외정책을 포기한 지 오래되었다는 어이없는 소리까지 했다.

200달러에서 시작한 뒷돈은 50달러로, 다시 12달러까지 내려갔다. 첫날부터 개운치가 않다. 타지키스탄 대사관의 사파로프 영사의 폭리에 가까운 비자 비용은 그래도 변명할 만한 이유라도 있다. 그런데 우즈베키스탄 경찰관의 행동은 도무지 이해할 수가 없다. 혈압이 올라가지 않으면 비정상이다.

치르치크까지 40분을 달려간 택시비가 2달러인데, 12달러면 만만치 않은 돈이다. 우즈베키스탄 경찰관에게 두 눈 뜨고 사기를 당하니 부아가 치밀었다. 라야는 내 눈치를 보며 안절부절못한다.

스비에타 언니 집에 도착해서야 겨우 마음이 가라앉았다. 널따란 앞마당에 포도덩굴이 가득하고 닭과 칠면조가 뒷마당에서 놀고 있다. 3년 만에 만난 자매는 시간 가는 줄 모르고 밤을 새워 대화를 나눴다.

한국에서 온 손님이라며 저녁상은 한국 음식으로 준비했다. 나는 우즈베키스탄 음식이 더 좋은데, 끝내 우리 음식 반 고려인 음식 반으로 푸짐하게 차렸다.

보드카를 마시며 스비에타와 라야의 얘기를 듣고 있으니 여름밤이 짧기만 했다. 내가 아무리 설명해도 스비에타 가족은 왜 중앙아시아로 배낭여행을 왔는지 도무지 이해가 가지 않는다는 눈치다.

많고 많은 나라 중에 이토록 불편하고 살기도 점점 어려워지는 이곳으로 여행을 온 이유가 처음엔 나를 라야의 신랑으로 착각했다고 한다. 라야가 결혼해서 3년 만에 인사차 들른 것으로 오해했다며 크게 웃었다. 앞으로 그럴지도 모르니 미리 인사를 받아 두라는 나의 말에 스비에타 가족들이 긴장한다.

적극적인 개방정책으로 외국인의 발걸음이 점점 가벼워지는 카자흐스탄이나 키르기스스탄과는 달리 우즈베키스탄은 폐쇄정책을 펴고 있다. 그 옛날 실크로드의 중심지였고 옛 소련 시절까지만 해도 중앙아시아의 맏형 노릇을 하던 모습은 온데간데없다.

우즈베키스탄은 가난한 타지키스탄과 독재정치를 하고 있는 투르크메니스탄과 어깨를 나란히 하게 되었다. 우즈베키스탄은 '우리들의 왕'이란 뜻처럼 누구의 눈치도 보지 않는 독립적인 민족답게 그들만의 독재의 길을 가고 있다.

사람들의 표정은 생동감을 잃어버리고 발걸음도 무거워 보인다. 언제 다시 번창했던 그 시절로 돌아갈 수 있을지 여행자의 마음도 안타깝다.

2천 년의 역사를 가진 타슈켄트

칙칙한 어제와는 달리 오늘은 활기차게 시작했다. 치르치크 오비르에 갔더니 외국인 등록은 여기서 하지 않고 타슈켄트까지 가야 한다고 퉁명스럽게 말한다.

비자를 내밀자 비즈니스 비자이니 초청 회사의 서류를 가져오란다. 나에게 초청장을 발급해 준 레사나는 전화 연락이 되지 않아 찾을 방법이 없다. 내가 곧장 우즈베키스탄으로 올 것으로 생각했는지 기다리다가 휴가를 떠나 버렸다.

도움을 줄 수 없다는 오비르 직원의 말에 라야도 무척 난감해했다. 간단한 관광 비자로 올 것이지 왜 복잡한 비즈니스 비자로 왔느냐며 은근히 나를 원망하는 눈치였다. 할 수 없이 버스를 타고 타슈켄트 오비르를 찾았다.

라야를 달래며 오비르를 나서는데 우즈베키스탄에서 오랫동안 사업을 하는 김동렬 형이 떠올랐다. 전화해서 자초지종을 말했더니 페르가나에서 업무를 보고 오늘 저녁이나 내일 아침 타슈켄트에 도착한다고 한다. 그러면서 빅토르에게 연락해 놓을 테니 걱정하지 말라 한다. 빅토르가 일러준 엘리트 호텔의 일리나에게 전화를 하니 오후 6시에 오면 해결해 주겠다고 한다.

일리나의 말이 끝나기도 전에 엘리트 호텔로 달려갔다. 늘씬한 금발 아가씨 일리나가 기다리고 있다. 30달러를 테이블 위에 올려놓고 바로 처리해 달라고 하자 서류에 몇 자 끄적거린다. 코딱지만 한 종이에 오비르 등록 서류를 주고는 30달러를 잽싸게 가방에 집어넣었다. 볼펜 한 번 긋고 이 나라를 떠날 때까지 문제없다는 말이 전부다.

타슈켄트 오비르의 외국인 등록을 바로 깔끔하게 처리했다. 역시 고민을 해결할 때는 커다란 주먹 한방으로 해결하는 전문 사냥꾼이 최고다.

오비르 문제를 해결하고 나니 주머니에 3달러가 남았다. 물 한 병이나 음료수 한 병 사면 차비도 모자랄 지경이다. 쫄쫄 굶어가며 얼굴만 쳐다보

타슈켄트 티무르 동상

던 라야와 나는 웃음을 참지 못하고 한바탕 웃었다. 선선한 바람을 맞으며 라야와 함께 타슈켄트 시내를 천천히 걸어 나왔다.

이곳은 비가 거의 내리지 않지만 신의 축복은 한두 가지가 아니다. 오염되지 않은 하천과 풍성한 과일은 중앙아시아 각 지역으로 수출되고 있다. 다른 중앙아시아의 과일도 그렇지만 특히 우즈베키스탄 과일은 최고다.

타슈켄트는 중앙아시아에서 유일하게 지하철이 다닌다. 이곳에서도 사람들을 감시하는 경찰관들 때문에 초록색 옷만 보면 노이로제에 걸릴 지경이다. 지하철 안에서 사진을 찍는 건 우즈베키스탄 경찰관에게 먹잇감을 그냥 던져 주는 것과 같다. 필름은 물론 카메라까지 몽땅 빼앗긴다.

중앙아시아뿐만 아니라 옛 소련 열다섯 공화국 연방의 지하철 안에서는 촬영 금지다. 카자흐스탄의 기차역과 마찬가지로 현재까지 중앙아시아의 관공서는 사진을 찍을 수 없고, 허락을 받아도 한계가 있다. 공산주의 유물 중 하나다.

옛 소련 시절 네 번째로 큰 도시였던 타슈켄트는 중앙아시아의 정치, 경제, 문화, 예술, 과학 등 모든 분야의 중심에 있던 우즈베키스탄의 수도다. 알마티나 비슈케크와 비교하기 싫어할 만큼 잘 정비된 가로수와 넓은 도로와 건물들은 이젠 형편없이 변해 버렸다.

타슈켄트에서 가장 옛것을 간직하고 있는 철수 바자르와 주변 건물들도 왠지 모르게 흥미를 자아내기엔 역부족이다. 큰 돔과 작은 돔으로 이루어진 철수 바자르 안에는 중앙아시아의 맏형 시절만큼이나 많은 사람들로 북적거린다. 하지만 여행자가 우즈베크어를 모르면 시장에서 물건을 살 때

타슈켄트 나보이 극장

곤혹을 치러야 한다. 우즈베키스탄에서의 러시아 말은 각 공화국 간의 언어 소통을 담당한다.

우즈베크어로 '돌의 도시'라는 뜻을 가진 타슈켄트는 250만 명의 인구와 2천 년의 역사를 자랑한다. 옛 소련 시절 이슬람교 본부가 자리를 잡았고, 과거 중앙아시아의 교육과 예술 그리고 교통의 중심이다. 다섯 공화국 중 인구가 가장 많고 자원도 풍부하며 발전 가능성도 매우 높은 매력적인 나라다. 거기에다 20만 명이 넘는 고려인이 살고 있다. 하지만 실크로드의 중심지라는 옛 명성은 찾아볼 수 없고 지금은 추락하는 타이타닉호와 같은 신세로 가라앉았다.

옛 소련에서 독립한 중앙아시아 다섯 공화국 중 가운데 위치한 우즈베키스탄은 북부는 카자흐스탄, 서남쪽은 투르크메니스탄, 남쪽 일부는 아프가니스탄과 국경선을 이루고 있다. 동쪽으로는 키르기스스탄과 타지키스탄과도 국경선을 마주 보고 있다.

중앙아시아의 패권을 놓고 우즈베키스탄은 노력을 기울이고 있다. 석유와 천연가스를 무기로 외국 자본을 끌어들여 점점 개방 수위를 높여 가는 카자흐스탄과의 승부는 어느 정도 결정된 듯하다. 우즈베키스탄의 정치가 변한다면 다시 한 번 멋진 경쟁을 기대할지도 모른다.

참으로 멀고도 가까운 우즈베키스탄의 치르치크를 나는 지금 떠돌고 있다.

37년을 타고도 끄떡없는 모스코비치

레나의 남편 세르게이, 그러니까 스비에타의 사위가 매일 아침 타슈켄트로 출발하는 버스터미널까지 자가용으로 태워다 준다. 그의 차는 옛 소련 시절 그 유명하던 모스코비치. 자그마치 37년 전에 태어난 차다.

세르게이는 지금까지 탄 만큼 더 탈 수 있다면서 하루도 빠짐없이 모스코비치에게 정성을 들인다.

거기에다 스비에타의 남편 발료자는 1971년 산 지굴리 자가용을 타고 다닌다. 너무 오래 타 이제는 사랑스러운 애인 같다고 한다.

스비에타의 집에 머물면서 조심스러운 것이 한두 가지가 아닌데, 한 가지 마음놓고 쓸 수 있는 건 전기다. 치르치크의 전기 담당자와 스비에타가 아주 가까운 사이여서 전기 요금계를 떼어 가 아무리 전기를 써도 요금이 나오지 않는단다. 여름 내내 에어컨을 켜도 전기요금을 한 푼도 내지 않는다니!

우리로서는 상상하기 어려운 일이 여기서는 실제로 일어나고 있다. 밤새 불을 켜놓고 책을 보고 음악을 들어도 전혀 미안하지 않다. 여기가 바로 우즈베키스탄 치르치크다.

타슈켄트 서커스 극장

말동무가 되어 준
라야와 헤어져

스비에타 가족과 친척들과 함께 가까운 호수로 나들이를 갔다. 카스피해의 강렬한 햇빛에 얼굴 화상을 입어 좀 망설이긴 했지만 같이 가기로 했다.

치르치크에서 동쪽으로 30분 정도 이동하면 아름강이라는 호수가 나온다. 옛 소련 지도와 우즈베키스탄 지도를 펴놓고 아무리 찾아보아도 그 큰 호수는 표시조차 안 되어 있다.

모스코비치와 지굴리 두 대에 세 가족이 타고 와서 풀어 놓은 음식들이 진수성찬이다. 보기만 해도 배가 불렀다. 당연히 빠지면 안 되는 보드카는 앉자마자 사발에 따라 마셨다. 오전부터 마실 수 없다고 버텨도 이유가 안 된다.

보드카 한 사발에 양고기 샤슬릭 한 입 그리고 콜라 한 사발, 다시 보드카 한 사발에 콜라 한 사발, 이렇게 이어지는 야유회는 음식을 먹고 보드카를 마시며 얘기하고 수영을 한다. 보드카를 마시고 수영을 하면 절대 안 된다는 것을 아름강에서 다시 한 번 실감했다. 이들에게 떠밀려 수영을 하다가 힘이 빠져 그 큰 강에서 빠지는 줄 알았다.

잠시 여행을 함께한 라야와 기약 없이 헤어졌다. 3년 동안 만나지 못한 언니를 치르치크에서 만나고 나의 말동무가 되어 준 라야. 약속은 할 수 없지만, 언젠가 다시 만나자는 나를 근심 어린 눈빛으로 바라보았다. 불편한 지역으로 다시 여행을 떠나는 나를 바라보는 라야의 얼굴은 아들을 멀리 떠나보내는 어머니 얼굴 같다.

라야는 다시 체르냐예브카 국경선을 지나 침켄트를 거쳐 알마티로, 나는 키르기스스탄으로 발길을 옮겼다. 라야와 나의 인생길처럼 우리는 여기서 헤어졌다.

처음 만나 16년 세월이 흐른 후 알마티에서 중년의 그녀를 다시 만났다. 그리고 또 9년의 세월이 흘러 알마티에서 들려온 소식은….

CENTRAL ASIA

신장 위구르 위구르스탄 - 카자흐스탄

키르기스스탄 - 타지키스탄

우즈베키스탄 - 투르크메니스탄

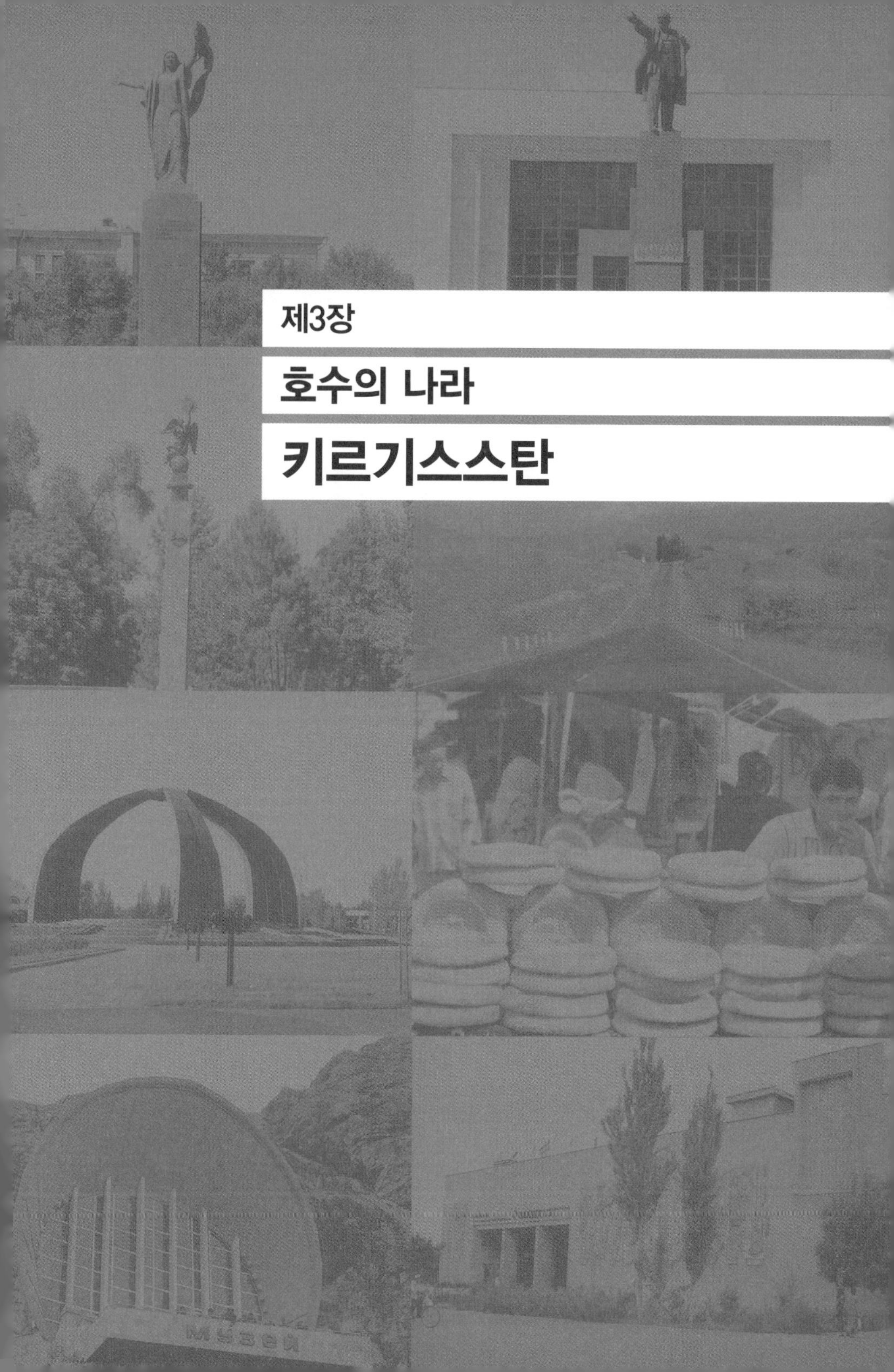

제3장

호수의 나라 키르기스스탄

카라콜의 백미 이식쿨 호텔

알마티에서 200km 떨어진 차른 계곡을 둘러보고 콜세이 호수와 케겐을 거쳐 키르기스스탄 국경선인 카르카라를 넘어 카라콜까지 간다. 드넓은 스텝과 아무것도 보이지 않은 척박한 땅을 가로질러 달려간 차른 계곡은 중앙아시아의 그랜드캐니언으로 불린다.

차른 계곡을 가다가 중간에 만나는 쉴렉이라는 작은 마을은 신장을 여행하고 이닝에서 버스로 카자흐스탄 호르고스 국경선을 넘을 때 쉬어가는 여행자들의 쉼터다.

오일장같이 아기자기한 장이 열리는 소박한 마을에 카자흐스탄 돈과 중국 돈이 모두 통용되어 잠시 허기진 배를 채울 수 있다. 마음이 급한 여행자는 신장과 카자흐스탄 국경 검문소를 지나자마자 긴장감이 풀린 기념으로 보드카를 마시기도 한다.

콜세이 호수를 지나 알마티에서 동남쪽으로 260km 떨어진 시골 마을 케겐을 지나면 24시간 개방하는 카르카라 국경선이 보인다. 이곳에 올 때마다 느끼는 것은, 카자흐스탄 군인들은 하나하나 꼼꼼하게 체크하는데 키르기스스탄 군인들은 환영한다는 말 한마디가 전부다. 카자흐스탄 군인들이

알아서 모든 것을 확인하니 여권에 입국 도장도 찍어 주지 않고 알아서 하라는 식이다. 싱겁기 짝이 없다.

카자흐스탄과 키르기스스탄의 카르카라 국경선을 지나 80km를 달려 키르기스스탄의 보배인 이식쿨 호수 동쪽 끝 카라콜에 도착했다. 국경선을 넘자마자 처음 지나는 산타시 마을에선 청년들이 길가에 서서 야생 마리화나를 피워 보라며 손짓한다. 머릿속이 복잡할 땐 마리화나가 최고라나!

촘빗산과 사르톨로산을 가로질러 나베르호이강을 지나면서 본격적으로 이식쿨 호수와 만난다. 카라콜의 백미는 산도 강도 호수도 아름답지만 옛 모습을 간직하고 있는 이식쿨 호텔이다. 숲속에 숨어 있어 바깥세상에서는 보이지 않는 이식쿨 호텔은 며칠 푹 쉬었다 가는 것만으로도 아름다운 추억으로 남는다.

이곳에서는 돌아다니지 않고 사람들 살아가는 모습만 봐도 마음이 평온해진다. 이 숲속 간이의자에 앉아 있으면 누구든 푸시킨이나 고리키처럼 저절로 시인과 소설가가 된다.

차이나 모스크인 '둥간 모스크'를 둘러보았다. 19세기 청조의 박해를 받아 도망 온 회교도들의 사원이다. 모스크는 회교 사원이고 미나렛은 회교 사원 탑, 마드라사는 회교 신학교를 말한다.

카라콜을 떠나 촐폰아타로 향하는 길에 키르기스족 마을 유르타 촌에 들렀다. 집이 단 한 채밖에 없다. 여기서는 전통 기념품과 우유를 팔고 있다.

카라콜 차이나 모스크

그런데 어디선가 말을 타고 온 아이들이 말을 타라며 손을 잡아끌었다.

키르기스스탄 전통 집인 유르타는 이제 점점 구경하기가 어렵다. 푸른 초원 위에 보여 주기 위해 세워 둔 유르타는 더 이상 유르타가 아니다. 점점 세속에 물들어 간다. 키르기스족이 세상 사람들의 희미한 추억 속으로 하나둘 사라져 가는 건 그들 탓이 아니다. 변해 가는 바깥세상의 문명 탓이다.

이식쿨 호수 동쪽 끝자락 숲속에 숨어 있는 카라콜과 함께 일자로 곧게 뻗은 촐폰아타는 시골스러운 운치를 자아낸다. 카라콜에서 이식쿨 호수 북쪽을 끼고 140km를 달려 촐폰아타에 도착하자 나를 반겨 준 것은 먼지투성이 화물 창고다.

짧게는 일주일, 길게는 한 달간 여름휴가를 즐기는 러시아와 카자흐스탄에서 혹은 동유럽에서 가족끼리 친구끼리 단체로 온 사람들로 이식쿨 호수의 호텔이나 민박집은 언제나 만원이다.

나처럼 홀로 이식쿨 호수를 찾는 여행자를 반갑게 맞아 주는 곳은 비싼 호텔밖에 없다. 할 수 없이 커다란 창고에 침대를 만들어 줄 테니 100솜을 내라는 민박집으로 갔다. 단 2달러에 창고에서 자는 것도 괜찮다. 넓은 각목을 50여 개 쌓아 두툼한 매트리스를 깔고 그 위에 요를 2개 놓으니 보기 좋은 나무 침대가 되었다. 지붕 구멍 위로 높은 하늘과 구름도 듬성듬성 보인다. 밤에는 보너스로 반짝이는 별들도 볼 수 있다.

다차에 온 듯 기분도 시원하다. 최고의 경치를 자랑하는 이식쿨 호수에 와서 창고에서 잠을 잘 거라고는 생각지 못했는데, 요를 깔고 누우니 멋진

방으로 변했다. 다차 중에 최고의 다차다. 이것도 세월이 지나면 추억으로 남을 것이다.

해발 1,600m 높이에 있는 이식쿨 호수는 동서 170km, 남북 70km로 퀸케이 알라타우산과 테르스게이 알라타우산 사이에 있는 거대한 호수다. 옛 소련 시절 공산당 간부 휴양지로도 유명했고, 사나토리아 온천장에는 마사지를 받으러 오는 여행객들도 많다.

정치·경제적으로 어려운 지금은 몇 군데 남아 있는 것도 대부분 폐허가 되다시피 했다. 옛 소련 시절에는 이식쿨 호수에서 신형 어뢰 발사 실험을 하기도 했다. 멀리서도 이곳을 찾는 이유는 아마도 중앙아시아에서 가장 훌륭한 트레킹을 할 수 있기 때문이다.

모래사장에서 낮잠도 자며 여유 있게, 아니 게으른 시간을 보냈다. 산책도, 뭘 먹지도, 수영도 하지 않고, 아무 생각 없이 멍하니 바보처럼 지냈다. 바보처럼 사는 것도 좋다는 것을 이식쿨 호수에서 잠시 경험했다.

촐폰아타를 떠나 비슈케크로

촐폰아타에 키르기스스탄 대통령 별장이 있다. 레몬혁명으로 이식쿨 호수에 있는 아카예프 대통령의 아름다운 별장은 이제 주인이 바뀌었다. 바키예프 대통령이 새 주인이 되었다.

2003년 그루지야의 장미혁명과 2004년 우크라이나의 오렌지혁명에 이어 2005년 키르기스스탄의 레몬혁명(또는 튤립혁명)이 발생했다. 독립국가연합의 각 공화국에서 반정부 세력이 민주화 혁명에 연쇄반응을 일으켰다.

민주화가 되어 가는 과정에 많은 변화를 가져온 키르기스스탄. 이러한 독립국가연합의 물결은 2005년 12월에 치러진 카자흐스탄 대통령 선거에서 현 대통령이 재집권하는 것으로 민주화를 외치는 목소리는 당분간 듣기 어렵게 되었다.

시민혁명이 성공을 거둘지는 별장의 주인을 보면 안다. 가장 전망 좋은 해변에 거대한 성처럼 서 있는 별장은 삼엄한 경비로 접근할 수가 없다. 반대편 해변에서 바라보이는 그 별장은 많은 사람들로 북적거리는 모래사장과 달리 적막감이 맴돈다.

한낮에는 거의 벌거벗고 다니는 촐폰아타를 떠났다. 추강을 따라 비슈케크까지 올라가는 이 길은 언제 봐도 매력적이다. 그리 크지 않은 추강의 물결은 제법 빠르고 주변의 황토색 들녘과 잘 어우러져 있다. 낡은 기찻길, 어둠이 내리는 고동색 산빛, 넘실대는 추강은 가끔 나타나는 해바라기 꽃밭과 자연이 빚어 낸 멋진 선물이다.

비슈케크는 변함없는 모습으로 나를 반겨 주었다. 하지만 1999년 키르기스스탄을 여행하면서 겪었던 일을 생각하면 무척 긴장된다. 어지러울 정도로 군인들과 경찰들이 깔려 있던 비슈케크에 도착하자마자 경찰에게 여권을 보여 주었더니 어두컴컴한 터미널 지하에 있는 심문소로 데리고 갔다. 그리고 배낭을 샅샅이 뒤지더니 그것도 모자라 팬티만 남겨 놓고 검문을 했다. 이건 검문이 아니라 고문이었다. 알마티의 지인에게 빌린 여행 경비 중 100달러를 눈앞에서 빼앗겼다. 총을 들고 쳐다보는데 그냥 나오는 방법밖에 아무것도 생각나지 않았다.

돌이켜보면 구석기 시대 같지만, 당시에는 부정부패가 당연한 시절이었다. 경찰들이 공개적으로 돈을 뜯어내는 시대였다. 카자흐스탄에서도, 우즈베키스탄에서도, 키르기스스탄에서도, 타지키스탄에서도, 하지만 투르크메니스탄만큼은 외국인 여행자에게 돈을 뜯지는 않았다.

키르기스스탄에서 그나마 다행인 것은 입국할 때와 지방 곳곳을 여행할 때 거주지 등록을 해야 하는 오비르 신고가 없어졌다. 옛 소련이 해체되면서 독립한 열다섯 공화국 연방에 물려준 멋진 유산 가운데 외국인에게 이루 말할 수 없이 최고의 불편함을 주던 제도였다.

비슈케크 마르티르스 혁명 동상

레닌 동상을 지나는데 비슈케크에 들어올 때 걱정했던 것이 현실이 되었다. 배낭을 멘 내 모습을 본 경찰 서너 명이 다가와 여권을 보여 달라고 하더니 곧장 두보미 공원 한쪽 구석에 있는 사무실로 데려갔다. 1999년에 겪었던 똑같은 경험을 또 당하게 되니 내 얼굴은 석고처럼 굳어 버렸다.

나는 여행 경비인 달러를 왼손에 꼭 쥐고 하고 싶은 대로 하라면서 배낭을 내주었다. 그리고 손에 쥐고 있던 달러를 건드리지 말라고 단호하게 말했다. 그들은 아무것도 건질 것이 없는 걸 알고 떨떠름한 표정으로 가도 좋다고 했다. 예전과 지금 경찰관들의 차이점은 총을 들고 있지 않는 것이다.

비슈케크 레닌 동상

한 나라의 수도라기에는 인구가 1백만 명밖에 안 되고, 그것도 최근에 들어온 외국인까지 합해서 그러니, 알마티가 복잡한 대도시라면 비슈케크는 조그마한 전원도시라고 할 수 있다. 인구 5백만 명 정도의 키르기스스탄은 대부분 험난한 산악 지형으로 이루어져 있다. 비슈케크에 도착할 때마다 괴롭히는 경찰들 때문에 예민하지만 모든 것이 포근하게 다가온다.

카자흐스탄의 키질로르다 호텔 앞에 인터걸이 있었는데 비슈케크도 마찬가지다. 그런데 여기서는 러시아, 키르기스스탄, 타지키스탄 아가씨들이 그룹을 이루어 영업을 하고 있다. 택시기사 말이 새벽 2시에 아가씨들이 가장 많다며 하룻밤 300솜, 7달러부터 시작한다고 귀띔해 준다.

나를 괴롭히던 경찰관 마립

호텔 바닥은 투박하게 시멘트를 발라 놓았지만 커다란 창문 너머로 밝은 아침 햇살과 새들의 합창 소리가 세상에서 가장 아름다운 하루의 시작을 선물한다. 바닥은 물론 겉과 안 모두 시멘트 공사가 덜 끝난 것 같지만 넓은 공원과 비슈케크 거리가 한눈에 들어오고 외국인 학교도 보인다.

비슈케크에 도착할 때 나를 괴롭히던 경찰관 중 한 명인 마립과 한국 식당에서 저녁을 함께 먹었다. 서른세 살인 그는 타지키스탄과 국경선을 이루고 있는 바트켄이 고향이다. 우리나라처럼 키르기스스탄도 남과 북으로 나뉘어 있는데, 인종으로 갈라놓은 것이다.

두 살, 네 살짜리 아들을 둔 마립은 그들이 그토록 좋아하는 보드카는 커녕 맥주 한 잔이면 그만이다. 담배도 피우지 않는다. 그는 주소를 적어 주면서 비슈케크에 오면 언제든 연락하란다. 그리고 파미르고원을 가려는 내게 타지키스탄 접경 지역을 자세히 일러주며, 위험은 많이 사라졌지만 조심하라는 말을 잊지 않았다. 이제 그는 처음에 나를 괴롭히던 경찰관 마립이 아니었다.

여행의 즐거움을 또 한 번 경험한다.

비슈케크 승리 광장

비슈케크 자유 동상

노을 지는
나린강을 보면

비슈케크를 출발해 오시로 향한다. 직선거리는 600km가 조금 넘지만 꼬불꼬불 돌아가니 730km다. 중앙아시아 여행 중에 가장 밟아 보고 싶었던 길을 다시 가게 된다.

M41 국도를 따라 도야슈 터널을 지나 3,330m나 되는 오토매크산맥과 3,184m 알라벨산맥을 넘으면 끝없이 펼쳐지는 푸른 초원 위에 드문드문 마을이 나타난다. 나린강 계곡으로 이어지는 이 길은 마음먹은 대로 쉽게 오갈 수 있는 길이 아니다.

세상에서 가장 맑고 순수한 사람들과 만나는 순간이다. 유목민을 이해하려면 노을 지는 나린강을 보면 알 수 있다. 소름 끼치도록 아름다운 길이다.

아주 깜찍하게 생긴 소녀 셋이 험난한 산꼭대기에서 음식과 음료를 팔고 있다. 이곳은 컨테이너 박스 카페인 셈인데, 몇 사람이 보드카를 마시며 추위를 달래고 있다. 세 소녀의 맑은 눈동자가 지금도 선하다.

나린강을 따라 울퉁불퉁한 길을 버스를 타고 달린다. 너무나 아름다운 이 길을 어떻게 표현해야 할까? 그저 황홀할 뿐이다.

무관세를 지향하는 키르기스스탄은 놀랍게도 수도 비슈케크에서 오시까지 730km나 되는 이 험난한 길의 모든 기초 공사를 거의 끝냈다. 비슈케크와 오시 간의 대동맥이 완성되면 주변 국가로 수출할 수 있는 물류 기반을 다지게 되는 셈이다.

아프가니스탄에서 생산된 마약이 러시아와 유럽으로 밀수되는 길목이기도 하지만, 네 번의 검문소에서 단 한 번의 간단한 여권 검사가 전부다. 다행이다.

중앙아시아의 상업 중심지 오시

중앙아시아의 상업 중심지로 떠오른 오시에 왔다. 3천 년의 역사를 자랑하는 오시는 오랜 세월 실크로드의 중심 역할을 해 왔고, 최근에는 타지키스탄 파미르고원 트레킹을 하려는 사람들이 꼭 거쳐 가는 곳이다.

오시는 원래 우즈베키스탄 땅이었다. 옛 소련 시절 모스크바의 획일적인 구획 정리 때 사인 한 번으로 키르기스스탄의 땅이었던 샤키마르돈과 맞바꾸었다. 지금도 오시 인구의 50%는 우즈베키스탄 사람들이다. 그 대가로 키르기스인과 우즈베크인과의 인종 갈등이 불씨로 남아 있어 정치적으로 늘 불안하다.

샤키마르돈은 우즈베키스탄 페르가나에서 남쪽으로 키르기스스탄 국경선을 넘어가면 키르기스스탄 땅 한복판에 외로운 섬처럼 자리 잡고 있다. 외국인은 이 길을 입출국할 수 없고 오로지 우즈베키스탄 사람들만 오갈 수 있다.

키르기스스탄 땅에는 이뿐만 아니다. 우즈베키스탄 코칸트에서 키르기스스탄 국경선을 넘어가면 다메르샷이라는 우즈베키스탄 땅이 나온다. 타지키스탄 이스파라에서 키르기스스탄 국경선을 넘어가면 보루크라는 타지키스탄 땅도 나온다. 내 땅 안에 네 땅이 있고 네 땅 안에 내 땅이 복잡하게 얽힌 곳이다. 지금까지도 국경선이 정리되지 않았고, 잊을 만하면 키르기스인과 우즈베크인과의 인종 문제와 키르기스스탄과 타지키스탄과의 국경 분쟁이 터지는 살얼음판을 걷고 있는 곳이다.

이 지역은 페르가나 계곡으로 과거와 현재 아프가니스탄에서 생산된 아편이 중앙아시아의 페르가나 계곡을 통해 전 세계로 밀수출되는 루트다. 아프가니스탄의 아편은 전 세계의 약 90%를 차지할 만큼 심각하다. 옛 실크로드가 아편 로드로 바뀐 것이다.

키르기스스탄 두 번째 도시인 오시는 시내를 가로지르는 아크부라강이 살아 숨 쉬는 것처럼 도시 전체가 새로운 도약을 하고 있다. 중앙아시아에서 제일 오래되고 규모가 큰 자이마르 바자르 주변에는 50m 간격으로 경찰과 군인들이 삼엄한 경계를 서지만 사람들은 생동감이 넘친다. 비슈케크보다 오시가 더 사람 냄새가 나는 것은 아마도 아크부라강과 자이마르 바자르가 있기 때문이다.

잔뜩 흐리던 날씨가 오시에 도착하자 이슬비가 내리기 시작했다. 하늘을 찌르는 듯한 나무들에서 뿜어져 나오는 향기가 전 시가지를 덮고 있다.

솔로몬산을 올랐다. 이슬람 성지인 만큼 순례자들이 많이 찾는다. 그리고 결혼식을 막 끝낸 신랑 신부들이 기념사진을 찍는 명소 중의 명소다.

오시 전체가 한눈에 내려다보이는 솔로몬 성지에 서니 가슴이 확 트였다. 비슈케크의 명물이었던 레닌 동상은 사라졌지만, 오시에는 거대한 레닌 동상이 솔로몬 성지를 향해 서 있다.

오시 솔로몬산

생각지도 않은 초대를 받았다. 방금 결혼식을 끝낸 우즈베크인 신랑 신부의 피로연에 참석하게 된 것이다. 신부의 집에서 열린 파티에 동네 사람들이 모두 모여 3인조 밴드에 맞춰 흥겹게 춤을 추고, 어린아이들도 따라서 춤을 추며 장난을 쳤다. 그리고 둥그렇게 둘러앉아 한 사람씩 일어나 신랑 신부에게 축하 인사말을 했다.

오시 솔로몬 박물관

신부의 집에서 먹고 마시고 춤을 춘 것은 서곡에 불과했다. 자리를 옮겨 신랑 집에서 시작된 후반전이 절정이었다. 신랑 집에서는 보드카를 잔으로 돌리는 것이 아니라 대접으로 마셨다. 술잔을 돌리는 습관은 우리나라와 똑같다. 여행하면서 마신 보드카 양은 큰 항아리 서너 개쯤은 될 것이다. 이젠 웬만큼 마셔도 취하지도 않는다.

그들은 지나가는 나그네인 나를 가족처럼 환대해 주었다. 신랑 신부 친구들도, 여행자도 모두 보드카와 춤에 흠뻑 젖었다.

출입국 스탬프도 찍지 않는 국경선

도슬릭 양쪽 국경을 지키는 군인들의 얼굴 표정이 하늘과 땅 차이다. 키르기스스탄 쪽 국경선에는 초소도 하나밖에 없고 여권을 보여 달라는 말도 없다. 군인들이 하는 일은 오가는 사람들 구경하는 것이 전부다. 어서 오라는 말도 잘 가라는 말도 없다. 하는 일이 정말 없다.

여권도 건성으로 보고 입국 스탬프도 찍어 주지 않는다. 그들은 그저 웃기만 한다. 나라와 나라를 오가는 데도 키르기스스탄 비자에는 전혀 입출국 스탬프가 없다. 오히려 입국 스탬프를 찍어 달라고 초소로 다가가자 그제서야 여권을 보고는 노트에다 볼펜으로 한 번 긋고는 끝이다. 이번에만 두 번째 통과하는데도 비자에는 입출국 흔적이 없다. 찍어 놓은 사진이 없으면 분명 거짓말을 하고 다니는 꼴이다.

우즈베키스탄 쪽 국경선에는 네 개의 검문소에서 일일이 확인을 한다. 게시판에는 백여 명의 수배자 명단과 사진, 인적 사항 등이 빼곡히 적혀 있다. 수배자 명단이 이 정도이니 안디잔 사태의 규모를 짐작할 수 있다. 2005년 봄 안디잔 사태로 우즈베키스탄 정부가 말한 것처럼 수십 명에서 수백 명이 아닌 수천 명의 사상자가 발생한 것을 세상은 알고 있다.

андижон вилоят ўлкашунослик музейи
андижанский областной краеведческий музей

안디잔 박물관

안디잔에 도착하자마자 제일 먼저 쉐르조드 벡에게 전화를 했다. 서울과 안디잔에 떨어져 있어도 언제나 친동생 같은 친구다. 안디잔 호텔에 머물고 있으니 들어오는 대로 호텔로 오라는 메모를 부탁했다.

2005년 5월 수천 명의 사상자를 낸 유혈 사태가 발생한 안디잔, 지금은 너무도 고요하다. 푸시킨 공원을 시작으로 나보이 공원, 박물관, 에스케 바자르와 사하르 바자르, 그리고 시청을 한 바퀴 돌아보고 호텔로 돌아오니 로비에 쉐르조드 벡이 앉아 기다리고 있다.

3년 만의 만남이다. 그동안 키도 몸도 더 큰 것 같다. 그는 순수한 모습에 건전한 생각을 가진 아름다운 청년이다. 한국 유학 준비를 하고 있는 그는 한국말을 아주 잘한다. 경상도 사투리까지 할 정도다. 지금은 유학 생활을 마치고 대한민국 국적을 얻었다.

유혈 사태로 얼룩진 안디잔에서

안부를 묻자 첫 마디가 안디잔 유혈 사태에 대해 입을 열었다. 우리가 뉴스를 통해 알고 있는 것과는 하늘과 땅 차이였다.

안디잔 교도소에서 2천여 명의 죄수들이 탈출해 안디잔 시청을 점거하고 대통령과 면담을 요청했다고 한다. 대통령은 안디잔 공항에서 전화로 비행기면 비행기, 돈이면 돈, 원하는 것과 어떤 요구도 다 들어줄 테니 국제사회가 시끄럽지 않게 해 달라고 했는데, 폭동을 일으킨 죄수들은 대통령과 직접 대화하기를 원했고, 더 이상 대화는 이어지지 않았다.

그 후 모든 전화와 인터넷이 차단되었다. 그리고 곧바로 안디잔을 봉쇄하고 눈에 보이는 모든 시민을 죽이라는 명령과 함께 엄청난 살상이 벌어졌다. 경찰과 군인들은 명령을 거부하면 죽이겠다고 협박하고, 안디잔 시내를 돌아다니는 사람들은 한 명도 빠짐없이 죽여 버렸다.

탈출한 죄수들은 대부분 사살되었고, 폭동을 일으킨 군중들 중 잡히지 않은 150여 명은 우즈베키스탄 방방곡곡에 수배령이 내려진 상태란다.

금요일 새벽에 시작되어 토요일 오전까지 약 5천 명의 시민이 사살되었는데, 그중에는 걸음마를 하는 아기부터 제대로 걷지도 못하는 노인들까지 폭동을 구경한 대가로 총을 맞고 죽었다. 광주 사태와 같다.

쉐르조드 벡도 이날 결혼식에 참석해야 하는데 꼼짝도 못하고 집에 있었다며, 들리는 총소리와 거리에서 처참하게 죽어가는 시민들을 바라보며 피눈물을 흘렸다고 한다. 그리고 이틀간의 폭동이 진압되고 다음 날 거리에 나가 보니 수천 명의 시체는 단 한 구도 보이지 않고 피로 얼룩졌던 거리도 깨끗이 청소되어 그 처참했던 광경은 찾아볼 수 없었단다.

그러고는 뉴스에 폭동 주동자 16명이 죽었다고 했다가, 다시 탈출한 죄수 150여 명이 죽었을 뿐이고 사망한 시민은 단 한 명도 없다고 발표했단다. 그리고 나중에 정부에서 죽은 시민들 가족에게 500달러씩 위로금을 지급하고 집을 사든지 자가용을 사든지 특혜를 주겠다며 달랬는데, 얼마나 많은 돈을 썼는지 내가 타슈켄트에 머무는 호텔에서조차 달러를 교환할 돈이 없어 쩔쩔맸다.

폭동의 한복판에 있던 시청 앞 안디잔 호텔에서 바라본 지금의 안디잔은 아무 일도 없었던 것처럼 표정이 없다. 아무 말이 없다.

그 비참하고 어이없는 현장에 지금 내가 서 있다.

시내에서 20분 정도 떨어진 조혼 바자르로 향했다. 조혼이란 우즈베크어로 '전 세계'라는 뜻이다. 전 세계의 물건을 모두 판다는 의미지만 이 바자르에서 팔리는 물건들은 대부분 중국제다. 다시 한 번 중국이 무서운 속도로 중앙아시아 시장을 점령하고 있음을 실감했다.

조혼 바자르를 다녀오면서 안디잔 사태 때 가장 많은 사람이 죽었다는 서이를 지났다. 서이 거리는 300m밖에 되지 않는다. 5천여 명의 사상자 중 2천여 명이 이곳에서 피범벅이 되어 쓰러졌다니, 이 짧은 거리에 산더미가 되고도 남았을 것이다.

코끝에 피비린내가 스치는 것 같고 생각만 해도 가슴이 두근거리고 떨렸다. 그런데 이 거리는 아무 일 없었다는 듯 조용하다. 내가 머무는 안디잔 호텔 바로 옆 건물에 있던 안디잔 극장은 아예 뿌리가 뽑힌 채 자욱한 먼지만 남아 있다.

시위대가 안디잔 극장에서 데모를 하자 불을 질러 통째로 태워 버렸고 밖으로 뛰쳐나오는 시위대는 총으로 쏴 죽였다. 시위대가 첫 번째 농성에

들어갔던 시청도 지금은 복구공사가 한창이지만 엉성한 철골만 남아 있고 거의 진척이 없어 보인다.

그날의 아픈 상처는 아무 일도 없었던 서이 거리처럼, 안디잔 극장은 사라져 버렸지만 안디잔 사람들 가슴속에 깊이 새겨져 있다.

쉐르조드 벡이 집으로 저녁 초대를 했다. 건설회사에 다니는 아버지와 간호사인 어머니 그리고 누나와 여동생과 단란하게 살고 있다.

거실에서 가장 먼저 눈에 띈 것은 응접실 책장에 꽂혀 있는 한국어 책과 소설책들이다. 오후 6시에 시작된 저녁 식사는 밤 10시가 지나도록 계속 이어졌다.

어디서든 열심히 살아가는 사람들을 만나면 흐뭇해진다. 다른 세상을 이해하고 사랑하게 된다는 것은 그만큼 자신도 성숙해진다는 것을 의미한다. 이것은 여행에서 얻을 수 있는 귀한 선물이다.

이런저런 생각이 많은 밤이다. 이들이 말하는 폭동 진압이든 민간인 학살이든 2005년 안디잔의 봄은 깊은 상처로 남아 있다. 그 아픔의 현장에서 보내는 오늘 밤, 잠을 잘 수 있을지 모르겠다.

안디잔 나보이 공원

싱그럽고 활기찬 페르가나

안디잔에서 80km 떨어진 페르가나까지 단숨에 달려왔다. 2.5달러를 내고 부서지도록 페달을 밟은 운전기사 덕에 50분 만에 도착했다.

안디잔에서 10km 정도 벗어나면 아사카 시가 나온다. 우즈베키스탄에서 그 유명한 우즈-대우자동차 회사가 있는 곳이다. 우즈베키스탄 경제의 터줏대감이나 다를 바 없는 우즈-대우자동차 회사가 이제는 허수아비처럼 맥없이 서 있으니 이 나라의 경제도 바닥에서 허덕이고 있다.

페르가나는 늘 싱그럽고 활기에 넘친다. 하지만 과거의 페르가나는 반정부 단체의 본거지였다. 옛 소련이 막 해체되고 1천 년 이상 이슬람이 뿌리내린 페르가나에서 최초로 반정부 단체가 결성되어 1991년 나망간 정부청사 검거사건이 발생했다.

그런 반정부 단체가 1998년 우즈베키스탄 이슬람 운동(IMU)을 창설하였고, 1999년에는 키르기스스탄 남부 바트켄 주를 습격했다.

우즈베키스탄 이슬람 운동은 1992~1997년 사이에 에모말리 라흐모노프 타지키스탄 대통령과 정치적으로 반대하는 타지키스탄 이슬람 부흥단(IRPT) 사이의 타지키스탄 내전에도 깊숙이 관여했고, 2001년 아프가니스탄전쟁에도 참여했다가 결국 1991~2009년이라는 짧은 역사 속으로 사라졌다.

이렇듯 얼마 전까지 페르가나는 반정부 단체가 자리한 곳으로 마음 편한 곳이 아니었다. 과거의 시간을 돌이켜보니 페르가나 계곡과 그 주변을 여행할 때마다 옛 소련제 AK-47 자동소총을 들고 나를 반기던 사람들이 우즈베키스탄 이슬람 운동(IMU)인지 아니면 타지키스탄 이슬람 부흥단(IRPT)일지도 모른다. 특히 우즈베키스탄 이슬람 운동은 의적 임꺽정과 같은 단체로 페르가나는 물론 키르기스스탄 바트켄 주를 습격한 주민들로부터도 대대적인 환영을 받았다. 그 이유는 공평하게 나누어 주고 본인들은 전혀 부를 축적하지 않았으며, 너와 내가 동등함을 보여 주어 주민들에게 환영을 받았던 것이다.

페르가나 호텔은 3년 전에도 리모델링을 한다는 이유로 외국인 여행자를 받지 않았는데 오늘도 마찬가지다.

도스틱 호텔로 발길을 옮겼다. 전에는 8달러를 주고 묵었는데 웬일인지 5.5달러로 가격이 내렸다. 이상하다는 생각이 들어 물어보니 호텔에 전기가 들어오지 않는단다. 그러면 그렇지, 해가 떨어지면 군말 없이 들어와 자라는 뜻이다. 세상사 어지럽다고 방황하지 말고 수양하라는 페르가나다. 그래도 깨끗한 시트와 찬물이지만 샤워를 할 수 있어서 다행이다.

9월 1일 우즈베키스탄 독립기념일을 앞두고 페르가나 시 전체가 들썩였다. 페르가나 바자르에서는 축제가 한창이다. 풍성한 과일과 음식 그리고 보드카가 끊이질 않는다.

러시아 노인들의 눈빛에는 한없는 슬픔과 막막함이 교차하는 듯했다. 과거에 우즈베키스탄 사람들이 겪어야 했던 인종 차별을 이제는 고향으로 돌아갈 수 없는 처지에 놓인 그들이 당하고 있으니 무슨 말이 필요하겠는가.

축제 현장에서 치과의사 바뜨이료르 가족을 만났다. 바자르에서 장사를 하는 아내와 치과대학에 다니는 딸과 함께 그의 집으로 갔다. 페르가나 시에서 20분 정도 떨어진 한적한 시골이었는데 1천 평이 넘는 넓은 집이다. 마당에는 손만 뻗으면 따 먹을 수 있는 포도와 사과, 석류가 하늘을 덮고 있고, 식탁에는 방금 따 온 채소들이 가득하니 이보다 아름다운 시간은 돈 주고도 못 살 것이다.

누구 말대로 어머니 자궁 같은 페르가나다. 이런 집 앞마당에서 보드카를 마시지 않는다면 두고두고 후회로 남을 뻔했다. 고향 집 같은 곳, 사람도 좋고 밤하늘도 좋은 이곳을 영원히 잊지 못할 것 같다.

치과대학에 다니는 딸은 나에게 한국 엽서를 가지고 와서 아무 글이나 써 달라고 한다. 집으로 초대해 주어 고맙다는 말과 내 이름과 전화번호 그리고 언젠가 또 다른 인연이 될지도 모른다고 썼는데, 이해할 리 없다.

페르가나 알 화르고니 공원

마르길란에서는
아직도 손으로 비단을 짠다

페르가나에서 20km 떨어진 곳에 마르길란이란 자그마한 도시가 있다. 이곳에 우즈베키스탄에서 유일한 유르고르딕 실크 공장이 있다. 모든 원단을 100% 수작업으로 만드는데, 누에고치부터 시작해 원단을 만들 때까지 일일이 여직공들이 손으로 비단을 짠다.

우즈베키스탄의 아기자기한 도시 마르길란의 명물인 유르고르딕보다 더 명물이 이 공장에 있다. 이 공장을 안내하는 '지여다'라는 아가씨다. 영어를 얼마나 예쁘게 말하는지 실크 원단보다 더 부드러웠다. '지연희'라는 한국 이름도 지었다고 한다.

그녀는 러시아어는 물론 얼마 전부터 배우기 시작했다는 우리말도 제법이었다. 공장을 안내하면서 "러시아어와 영어 중 어느 말로 할까요?" 하기에 한국말로 해 달라고 하니 환하게 웃었다.

이 공장에서 만드는 실크 원단 중 50%는 수출하는데 그중 한국 바이어도 있다고 한다. 기념으로 하나 사가라는 말에 "가난한 여행자여서 그러면 당신 집에서 먹고 자야 하는데 괜찮겠느냐"고 하자 까르르 웃는 모습이 천사 같았다.

다음에 다시 마르길란에 오면 차라도 한잔하자는 알 수 없는 기약을 하고 유르고르딕를 떠났다.

한국말이 쓰여진 카페

길을 걷다가 우연히 '어서 오세요'라고 쓰여진 카페를 발견했다. 혹시 한국 사람이 하는 카페인가 싶어 주인을 불러 달라고 하니 전형적인 우즈베키스탄 사람이다. 무하메드라는 젊은 사장은 우리말을 일 년 정도 공부했다면서 언젠가 한국을 꼭 방문하고 싶다고 했다. 머나먼 우즈베키스탄 페르가나에서 만난 무하메드가 꼭 가보고 싶어하는 나라라니, 여행길도 든든해지는 것 같고 내 발걸음도 조심스러워진다.

뜨거운 물에 몸을 푹 담그고 싶어 페르가나에 하나밖에 없는 유명한 사우나를 찾았다. 하지만 겉만 보고는 이 사우나에 들어갈 사람은 여행자 중 아무도 없을 것이다. 건물은 폭격을 맞은 것처럼 주저앉아 있고 닳고 낡아서 들어갈 엄두가 나지 않는다.

마침 안내 할머니가 지금 사우나를 하러 온 젊은 청년들이 있어 들어갈 수 없다고 한다. 사우나 시설이 단 하나밖에 없는 이곳 이름은 뜻도 거대한 '코스모스'다.

페르가나에서 가장 좋은 아시아 호텔도 사우나 시설은 없다. 웨이터 말이 개인 사우나 시설이 있다고 하는데, 나는 그의 말뜻을 잘 안다. 개인 집에서 물을 데워 목욕을 하고 마사지를 받는 것인데, 가족들이 모여 있는 데서 목욕을 한 다음 팬티와 가운만 입고 마사지를 받으니 우리나라에서는 상상도 못할 모습이다. 하지만 이 나라 사람들은 생활의 일부다.

내가 머무는 도스틱 호텔 매니저인 두 할머니가 저녁을 같이 먹자고 한다. 응접실로 들어가니 먹음직스러운 감자볶음과 샐러드가 한 상 차려져 있다. 그 옆에 연인처럼 달라붙은 보드카를 두 병씩이나 마신 두 할머니는 끄떡도 없다. 그러고도 아쉬움이 남는다는 표정이다.

매니저 두 할머니는 호텔에서 일하는 시간이고, 근무 중인 경찰까지도 보드카를 마셔도 전혀 문제 없는 나라 우즈베키스탄의 페르가나다.

오래된 나무숲만큼 오랜 시간들이 쌓여서

눈을 떠 보니 시간은 벌써 정오를 지나고 있었다. 어제 마음놓고 마신 보드카 덕분에 늦잠을 잤다. 두 할머니는 끄떡도 없는데 나는 죽을 맛이다.

새벽에 매니저 할머니가 차이 한 주전자와 요구르트 한 사발을 놓고 갔다. 잠시 후 다시 들어오더니 보드카 한 사발을 갖다 놓으며 머리 아플 때 보드카를 마시면 시원해진다는 러시아 속담을 들려주며 빙그레 웃었다. 해장술은 우리나라나 우즈베키스탄이나 러시아나 마찬가지다.

배낭을 정리하고 떠나는 내게 다시 페르가나에 오면 보드카로 건배를 하자고 한다. 그러면서 손자를 떠나보내듯 아쉬워한다. 나는 철철 넘치는 정을 배낭 깊숙이 비상식량으로 담아 간다.

페르가나에서 코칸트로 30분을 지나다 보면 올따르 마을이 나온다. 이 마을은 전체가 포도덩굴로 뒤덮여 있다. 마을에 들어서면서 끝날 때까지 온통 포도나무 숲이다. '밀밭에서 취한다'는 말처럼 포도밭에서도 그냥 취기가 도는 듯하다. 올따르에서는 와인을 알맹이로 마신다.

코칸트 시내 중심 거리는 고작해야 1km밖에 되지 않는다. 그 길을 따라 2, 3층 높이의 나지막한 소비에트식 집들과 큰 나무들이 하늘을 감싸고 있다.

이곳에서 유일한 코칸트 호텔을 중심으로 양쪽에 카페가 들어서 있다. 할아버지와 할머니, 연인들 할 것 없이 야외 카페에 앉아 아이스크림을 먹는다. 아이스크림은 중앙아시아 사람들이 주식으로 착각할 만큼 좋아한다.

해가 저물고 날씨가 시원해지면 아이들 손을 잡고 공원으로 나오는 사람이 많다. 중앙아시아 곳곳에 있는 공원은 그곳 사람들과 함께 풍성하게 느껴진다. 가장 부러운 것 중 하나다.

오래된 나무숲은 별로 꾸민 것도 없이 자연스럽다. 그 아래 여유롭게 누워서 사랑도 나누고 가족들끼리 이야기도 나눈다. 정겨워 보인다.

오래된 나무만큼 오랜 시간들이 쌓여서 빚어 낸 닮고 싶은 풍경이다.

아쉬움은 남고
부러움은 쌓이는 코칸트

새벽 빗방울 소리에 창밖을 내려다보니 낙엽을 쓸고 있다. 내가 묵고 있는 3층은 물론 4층짜리 코칸트 호텔이 고목으로 덮여 있다. 옛 소련 영화에서나 나올 듯한 고풍스러운 호텔이다.

하지만 소비에트식 호텔은 전혀 수리를 하지 않아 샤워는 아예 생각지도 못한다. 운치 있어 보이는 나무 침대는 움직일 때마다 삐거덕 소리가 나고, 바닥에 닿을 듯한 스프링은 아침에 기지개를 켜면 허리가 끊어질 듯 저려온다.

그리고 보니 코칸트 호텔을 감싸고 있는 거대한 고목들의 잎이 서서히 갈색으로 옷을 갈아입고 있다. 나의 단잠을 깨웠던 낙엽들이 도로 위에 조금씩 쌓여 가고 있다. 코칸트는 이렇게 가을로 저물어 가고 있다.

코칸트 유적지를 돌아보며 안타까운 것이 한두 가지가 아니다. 함자 박물관과 주마 마드라사와 칸 궁전 그리고 모다리안 마드라사 등 모스크와 마드라사가 즐비한데, 이 유적지들은 이곳 사람들의 관심 밖으로 밀려나 먼지만 쌓여 있다.

코칸트 칸 궁전

우즈베키스탄이 자랑하는 사마르칸트, 부하라, 히바 못지않은 유적지를 자랑하는 곳이 코칸트다. 아마도 특별한 목적을 가지고 방문하지 않는 한 코칸트를 찾는 여행자가 드무니, 쓸쓸하게 버려진 듯하다.

제4장

파미르고원의 나라 타지키스탄

말도 많고 탈도 많은 타지키스탄 국경선

기쁨과 아쉬움 속에 타지키스탄에 입국했다. 우즈베키스탄의 코칸트와 타지키스탄의 후잔을 연결하는 카니바담 국경선을 넘어왔다. 예전에는 반대 방향으로 걸어왔다. 그때는 입출국 확인 스탬프도 없어서 타지키스탄 비자를 보면 넘나들었다는 흔적을 찾을 수 없다.

키르기스스탄과 똑같았다. 그만큼 타지키스탄 국경선에서는 걸리는 것이 아무것도 없을 만큼 평화로웠다. 국경선을 지키는 군인들도 아무 말이 없었다. 출국 스탬프는 찍어 줘야 할 거 아니냐고 하니 그냥 가란다. 언제 와도 우리는 당신을 환영한다는 말만 덧붙일 뿐이다.

하지만 오늘은 사정이 전혀 달랐다. 입국을 환영하는 초소만 하나 있었던 때와는 달리 이중 삼중으로 망을 쳐놓았다. 타지키스탄 국경선을 통과해 첫 번째 초소 안으로 들어가자 여군이 나를 반기며 손수 입국서류를 작성해 주었다. 친절일 수도 있지만, 얼마의 돈과 귀중품을 가져오는지 감시하는 서류다.

초소를 나오는데 점심 식사를 하던 국경 수비대원 두 명이 나에게 손짓을 하며 함께 점심을 먹자고 한다. 배낭을 내려놓고 식당으로 달려갔다.

타지키스탄에 온 것을 환영한다면서 어서 먹으라고 한다. 숄밥을 두 그릇이나 비우니 이번엔 양고기찜에다 수박과 차이까지 푸짐하게 내놓는다.

그런데 인연이라며 사진을 찍어 달라는 국경 수비대원의 말이 화근이 되고 말았다. 식당에서 맛있게 먹는 모습을 찍고 다시 정원으로 나와 한 장 찍은 것이 그만 우즈베키스탄 코칸트에서 고생한 것이 헛수고가 되고 말았다.

군인들에게 감사의 표시를 하고 다음 초소로 이동하면서 문제가 발생한 것이다. 눈초리가 찜찜했다. 내가 입고 있는 군복 바지는 타지키스탄에서는 법적으로 국경선에서 입고 다닐 수 없으므로 갈아입고 들어가라고 했다. 군복 바지를 갈아입으려고 배낭의 옷들을 꺼내면서 반바지 군복이 나오자 이번에는 여러 명이 다가오더니 배낭 안에 있는 것들을 모조리 보여 달라고 했다.

그러면서 여행객을 가장한 테러리스트가 아니냐며 생트집을 잡았다. 심지어는 여행자가 아무도 없는 이 국경선을 왜 넘어왔느냐는 것이다. 갈수록 태산이라더니, 너무 화가 나서 언성을 높이며 뭐가 문제냐고 따졌다. 그랬더니 이번에는 조금 전 국경선에서는 찍을 수 없는 사진을 찍었으니 필름을 내놓으라고 했다.

내가 원해서 찍은 것이 아니고 군인들이 원해서 찍은 것이니 그들을 불러 물어보라고 했다. 그랬더니 그 군인들과 우리 업무는 다르니 무조건 필름을 내놓으라고 했다. 막무가내였다. 할 수 없이 필름 한 통을 뽑아 던져주고 나왔다. 국경선에서 찍은 사진보다 코칸트에서 찍은 사진을 모두 날려 버려 화가 나기도 하고 아깝기도 했다. 목소리가 커지면서 모여들었던 군인들의 눈이 휘둥그레졌다.

말도 많고 탈도 많은 국경선이다. 그것도 과거와 현재 페르가나 지역에서 가장 민감하고 아프가니스탄에서 생산된 아편이 이 루트를 통해 유럽으로 밀수출되고 있는 테러의 한가운데 자리 잡은 국경선이다.

그런데다 힘없는 여행자가 중무장한 군인들에게 뭐가 문제냐고 큰 소리로 대들었으니 그들이 더 황당했을 것이다. 쫓겨나지 않은 것만으로도 다행인 분위기였다.

과거 입출국 스탬프 없이 카니바담 국경선을 넘나들던 그때가 그립다. 국경선을 돌아나오며 생각하니 국경선 식당에서 군인들과 밥 먹고 차이를 마시며 과일까지 먹을 수 있는 경험은 다시는 없을 것 같다.

전 세계 어느 나라 어느 국경선에서 여행자가 국경선의 군인들과 함께 사진 찍고 밥을 먹을 수 있을까. 옛 소련이 해체되면서 현재까지도 정확한

국경선이 없는 상황이고 인정도 철철 넘치는 시대였기에 가능했다. 넘쳐나는 그 인정 때문에 중앙아시아에 발목이 잡혀 있다.

군말 없이 레니나바드 호텔로 향했다. 이 호텔 또한 소비에트식으로 다른 호텔과 비교하면 자존심이 상한다. 화장실에는 빈 물병이 수북이 놓여 있다. 음료수병 10개에 물을 담아서 세수와 화장실을 해결해야 한다. 시도 때도 없이 단수가 되기 때문에 시간 맞춰 물을 담아 놓아야 한다.

그럼에도 이 호텔에 머무는 이유가 있다. 여기서 시르다리야강을 끼고 바라보는 후잔의 구시가지는 환상이다. 또 강 너머 멀리 떨어져 있는 거대한 레닌 동상도 손에 닿을 듯 아주 가까이 보인다. 후잔에서 이 모든 것을 감상할 수 있는 곳은 레니나바드 호텔밖에 없다.

잠깐 불편한 대가로 눈에 담을 수 있는 아름다운 불편함이다.

후잔 박물관

후잔 오페라 발레 극장

숨겨진 보물
판 마운틴 길

오늘은 갈 길이 멀다. 두샨베로 가려면 서둘러야 한다. 후잔에서 두샨베까지는 300km가 조금 넘는다. 3,378m 애니산맥을 지나면 또다시 3,372m 되는 거대한 안좁산맥을 넘어 제라프샤강을 지나야 한다.

이 지역을 병풍처럼 감싸고 있는 판 마운틴 지형을 벗어나는 데 7시간 정도 걸린다. 기차는 물론 반듯한 도로도 없다. 가끔 있는 기차는 우즈베키스탄 사마르칸트로만 돌아간다.

폭 4.5m에 불과한 비포장도로 밑은 수십 킬로미터 낭떠러지다. 이 길을 지나가는 방법은 서너 명을 싣고 조심조심 지나가는 자가용 택시밖에 없다. 허리까지 눈이 쌓이는 한겨울에는 체인을 칭칭 감은 지프차가 이 산맥을 넘는다. 판 마운틴 길을 지나 목적지에 도착해서 환하게 웃으면 눈과 하얀 치아를 제외하면 온통 먼지투성이다.

그래도 꾸불꾸불한 이 비포장길을 현기증 나도록 달리는 이유가 있다. 판 마운틴산맥은 파미르 하이웨이와 함께 타지키스탄의 숨겨진 보물이다. 하늘과 땅과 이 사람들을 만나며 지나는 길은 누구나 할 수 없는 보석 같은 시간이다. 그래서 어렵고 힘든 길을 넘어간다.

후잔의 버스터미널은 가스축, 핀제켄, 마이니 세 곳이 있다. 두샨베와 장거리 지역을 오가는 마이니 버스터미널로 향했다. 군인 복장을 한 젊은 친구가 말을 건넨다. 자가용 택시보다 5달러 저렴한 20달러 60소모니로 두샨베까지 데려다줄 수 있다며 가자고 한다.

이곳 사람들의 전형적인 투잡이다. 내가 판 마운틴 길을 애타게 기다리듯, 이 젊은 친구도 나를 애타게 기다린다. 그 친구 집 앞에서 잠시 기다리니 예쁜 신부와 함께 작은 짐을 싣는다. 며칠 전 결혼한 신혼부부인데 두샨베 친척에게 인사하러 가는 길이라 한다. 가는 길에 아르바이트를 하는 것이다.

앳된 신부와는 다르게 신랑은 성격이 좀 괴팍했다. 잘 터지지도 않는 구닥다리 핸드폰으로 마치 싸움을 하듯 쉬지 않고 여기저기 전화를 해대고, 더위를 참지 못해 아예 윗옷을 벗고 운전을 했다. 그것도 모자라 담배와 마리화나를 줄기차게 피워댄다. 나에게도 마리화나를 피워 보라며 연신 어깨를 들썩였다.

덤벙대던 신랑처럼 결국 자가용에 심각한 문제가 발생했다. 라디에이터에 치명적인 손상이 생겨 움직일 때마다 시동이 꺼졌다. 후잔에서 두샨베까지 자그마치 50번 이상 꺼졌다. 300km를 달려오는데 시동이 50번 이상 꺼졌다면 서울에서 대구를 가는데 비슷한 상황이 발생한 것이다.

그럴 적마다 신랑은 강에서 길어 온 물로 라디에이터의 열을 식혔다. 그러면서 마리화나는 계속 피워 물었다. 옆자리에 앉아 있는 신부는 아무 말 없이 신랑만 바라봤다.

중앙아시아를 오랜 시간 여행하면서 주저앉을 것만 같은 대중교통을 수없이 이용했다는 말이 지금은 너무 고급스럽게 느껴질 정도다.

후잔에서 두샨베로 판 마운틴을 넘어가는 여행길. 이런 경험은 옛 소련 여행에서도 처음 겪는 웃지 못할 일이다.

애니산맥과 안좁산맥을 이런 자가용을 타고 넘어왔으니 우리나라에선 상상하기 어려운 일이다. 거의 반듯한 애니산맥을 4시간에 걸쳐 넘어가면 바로 제라프샨강이 반긴다. 우즈베키스탄과 타지키스탄 사이를 흐르는 이 강은 자그마치 880km나 된다. 헉헉거리는 가슴을 한순간에 식혀 주는 제라프샨강에서 심호흡을 하기도 전에 울퉁불퉁한 안좁산맥이 손짓한다. 안좁산맥을 따라 제라프샨강은 나타났다 사라졌다 하며 끈질기게 따라온다.

이 길은 후잔에서 두샨베까지 육로로 갈 수 있는 유일한 길이다. 대단한 인내심을 가지지 않으면 지나갈 수 없지만 아찔아찔한 아름다움이 숨어 있다. 키르기스스탄 비슈케크에서 오시까지 가는 길이 아기자기하고 그만그만하다면, 이 길은 거칠고 험난하다.

5달러를 아끼려고 탄 자가용 덕에 자정이 훨씬 넘은 새벽에 두샨베에 도착했다. 그렇다고 실망스럽지도 지치지도 않는다.

라디에이터에 문제가 생겨 엔진이 멈춰 있는 시간과 신랑이 열심히 자가용을 고치고 있는 동안 나는 아찔아찔한 애니산맥과 안좁산맥을 실컷 볼 수 있었으니 이 또한 즐거운 시간이었다. 내 두 눈은 톡톡히 호강을 했다. 오늘도 내 배낭은 묵직해진다.

친절인지 미안함 때문인지 제일 멋진 두샨베 호텔 앞까지 태워다 주고 돌아가는 신랑 신부의 행복을 빌며 배낭을 짊어지고 호텔로 들어섰다.

그런데 호텔 도어맨부터 프런트는 물론 벨보이까지 나를 야릇한 눈으로 바라봤다. 호텔 방에 들어가 샤워를 하려고 거울을 보니 내 모습이 탄광 근로자 같다. 정말로 이와 눈만 빼고 온통 먼지투성이였다. 외국인 여행자가 아니었다면 문전박대당하고도 남을 뻔했다.

두샨베 야외 카페에서 만난 아이들

파미르 여행허가서를 받기 위해 외무부 외국인 거주지 등록 사무실을 찾았다. 요구하는 서류들이 다양하고 복잡했다. 고집스럽게 혼자 해결하는 것이 이럴 땐 전혀 득이 되지 않는다. 할 수 없이 파미르 산악 등반을 전문으로 하는 여행사를 찾아갔다.

파미르 여행허가서를 받는 데 2주간의 시간이 필요하다고 한다. 비용은 25달러, 그건 문제가 되지 않는다. 파미르 여행허가서를 받기 위해 호텔 경비가 더 들기 때문에 나로서는 난감할 수밖에 없다.

타지키스탄에서 파미르 여행허가서를 받으려면 별도 비용을 지불하고 거주지 등록을 해야만 한다. 파미르 여행허가서를 신청하면서 호텔에 머물까 하다가 거주지 등록도 함께 부탁했다. 그러면 내가 원하는 아파트를 자동으로 알아봐 주고 그곳에 거주지 등록을 해 주기 때문에 일일이 돌아다니면서 숙소를 알아볼 필요가 없다.

오늘은 근사한 저녁을 먹기로 했다. 파미르 여행허가서와 거주지 등록을 하면서 아파트까지 한 번에 세 가지 일을 동시에 해결한 기쁨을 만끽하기 위해서.

두샨베 오페라 하우스

두샨베 오페라 하우스 야외 카페에서 시원한 분수대를 바라보며 타지키스탄 전통 음악을 들으면서 식사를 했다. 오페라 하우스를 배경으로 반짝이는 별들과 푸른 나무 향을 맡으며 먹는 맛은 대단한 별미 중의 별미다.

그때 러시아 말을 잘하는 초등학교 3, 4학년쯤 되어 보이는 소년이 내가 먹고 있는 양고기 샤슬릭을 먹고 싶다고 했다. 먹으라는 말이 떨어지기 무섭게 접시 위에 있는 양고기 샤슬릭과 리뽀시카 빵을 순식간에 먹어 치웠다. 그러더니 누나까지 데리고 와서 눈 깜짝할 사이에 다 먹어 버렸다.

그 모습이 안쓰러워 큼지막한 양고기 샤슬릭 네 줄과 리뽀시카 그리고 마시고 싶다는 콜라와 샐러드까지 푸짐하게 주문했다. 누더기옷을 입은 남매에게 음식을 갖다 주는 여종업원은 이해가 안 간다는 표정이다.

음식이 나오자 제일 맛있게 보이는 양고기 샤슬릭 한 줄과 리뽀시카 그리고 양파 샐러드를 양손에 움켜쥐고 어디론가 달려간다. 돌아보니 저 멀리 벤치에 중년 여성이 보인다. 누구냐고 물으니 엄마라고 하고는 숨도 안 쉬고 양고기 샤슬릭을 맛있게 먹었다.

누나는 중학교 1, 2학년쯤 되어 보이는데 러시아 말이 서툴다. 그런데 조금 철이 들어서 그런지 내 눈치를 봐가며 먹는데, 이 녀석은 무엇이 그리 좋은지 먹는 것에만 관심이 있다. 벤치에 앉아 있는 남매의 엄마는 아들이 갖다준 음식을 먹지 않고 아이들을 힘없이 바라보고 있었다.

다 먹고 인사를 하는 둥 마는 둥하고 엄마에게 달려가는 남매의 뒷모습을 보며 목이 말라 시원한 생맥주를 한 잔 벌컥벌컥 마셨다. 그리고 종업원에게 50도짜리 보드카 한 잔을 부탁해 단숨에 들이켰다. 그래도 목이 말랐다.

흐릿하게 보이는 두샨베가 자꾸 흔들거린다.

너무나 평화로운 두샨베

타지키스탄은 아프가니스탄과 자그마치 약 1,300km의 국경선을 접하고 있고, 국토의 반 이상이 해발 3,000m 고도에 위치해 있다. 5년여의 내전이 끝난 다음 해(1998년) 중앙아시아에 첫발을 디딜 때는 모든 것이 얼어붙어 있었다. 그런데 피비린내 나는 내전이 벌어졌던 두샨베는 이제 완전히 변해 있다. 언제 총알이 빗발쳤던 곳이었는가 의문이 들 정도다.

안좁산맥에 포근히 안겨 있는 두샨베. 레닌 공원을 중심으로 가로수가 하늘을 향해 쭉쭉 뻗어 있다. 너무나 평화스럽게 변한 두샨베다.

두샨베의 야경은 오페라 극장을 비추는 찬란한 조명이 밤하늘까지 반사되어 더욱 아름답다. 내전으로 5만 명 이상이 죽고 50만 명의 난민이 발생했던 두샨베가 아니다. 아직도 그때를 잊지 못하는 사람들이 많이 남아 있지만, 이제 그런 모습은 두샨베에서 찾아볼 수 없다. 야외 카페에서는 생음악에 맞춰 밤낮없이 파티가 벌어지고 있다.

두샨베는 기차역에서 시작해 시내 끝부분에 해당하는 스베니자보그까지 일자로 쭉 뻗어 있는 약 10km의 루다키 거리가 일품이다. 50m~70m

두샨베 국립박물관

되는 거목들이 시내 중심 도로 안쪽으로 빼곡히 들어차 있어 하늘이 보이지 않는다.

두샨베의 거목만큼 빼곡히 있는 것이 또 있다. 다름 아닌 경찰관들이다. 200~300m마다 한 사람씩 지휘봉을 들고 서 있는데, 지나가는 자동차 대부분은 경찰관의 지휘봉에 따라 여권을 보여 준다.

다인종 국가인 중앙아시아에서는 우리 주민등록증과 같은 것도 있지만 학생들을 제외하고 대부분 여권을 제시한다. 그럴 때마다 운전자의 지갑에서 나온 돈은 경찰관들의 주머니로 들어간다. 지나가는 사람들이 보든 말든 경찰관들은 돈을 걷고 있다. 여기서는 당연한 일이다.

대한민국도 오래전 그런 시절이 있었으니 민주화로 가는 길은 다양하고 험난하다. 시간이 필요할 뿐이다.

두샨베에 살림을 차리다

살림을 차렸다. 여행 중인 내가 타지키스탄 수도 두샨베에 살림을 차렸다. 어여쁜 아가씨와 함께가 아니라 거주지 등록을 하면서 푸시킨 거리에 있는 아파트를 단기 임대했다. 큰 방 세 개에 각각 더블 침대가 있고 샤워실은 물론 TV와 비디오, 전화기, 냉장고 등 가재도구까지 갖춰져 있다. 바로 살림을 차려도 부족한 것이 전혀 없다. 하루에 15달러씩 파미르 여행허가서가 나오는 날까지 마음 편하게 이 아파트에서 머물기로 했다.

타지키스탄 말로 두샨베는 '월요일'이라는 뜻인데, 매주 월요일마다 바자르가 열려 붙여진 이름이다. 가까운 시장에 가서 먹고 싶었던 싱싱한 과일과 야채를 한아름 사다가 냉장고에 넣어 두었다. 각종 음료수와 보드카 그리고 코냑까지도. 부자가 된 기분이다.

두샨베 외곽에서 시내로 관통하는 바르조브라는 제법 큰 강과 꼼쏘몰스꼬에 호수를 끼고 산책을 했다. 강과 호수가 많이 오염되었지만 아이들이 벌거벗고 수영을 하고 있다. 여행자도 그들만큼 신난다.

산책할 때마다 만나는 타지키스탄 사람들은 나에게 중국인이냐며 말을 걸어온다. 언제부터 일본인에서 중국인으로 변해 버렸다. 광활한 대륙에 중앙아시아를 거쳐 유럽과 아프리카로 향하는 중국의 거침없는 질주에 타지키스탄도 중국의 손아귀에 놀아나는 신세가 되었으니 그럴 만도 하다. 두샨베 중심 거리에는 중국 상품을 취급하는 큰 상점들이 즐비하다.

얼마 전에는 두샨베와 신장 위구르 자치구 우루무치를 연결하는 직항로가 개설되었다. 러시아의 텃밭에서 이제부터는 중국의 발아래 놓이게 되었다. 14개국과 국경을 접하고 있는 중국은 동쪽으로는 북한, 서쪽으로는 타지키스탄과도 국경선을 접하고 있다. 거대한 중국이 부럽기도 하고 두렵기도 하다.

대한민국에서 중국 한 나라만 건너가면 타지키스탄이 나온다. 흥미롭다.

당분간 두샨베에서 조용히 지내고 싶다. 이곳에는 여행자도 외국인도 거의 없다. 지인들이 반갑게 맞이해 주는 카자흐스탄의 알마티나 우즈베키스탄의 타슈켄트도 좋지만, 두샨베가 더 마음에 끌린다.

중앙아시아를 처음 여행할 때 키르기스스탄의 전원도시 비슈케크가 마음에 쏙 들어왔는데, 이제는 두샨베가 비슈케크를 대신하고 있다. 하지만 두샨베도 언젠가 변할 것이다.

두샨베가 수도라는 것을 느낄 수가 없다. 하늘을 뒤덮은 쭉 뻗은 고목들이 수목원에 온 것 같은 착각을 불러일으킨다. 나지막한 제정 러시아 건물과 어우러진 소비에트 건물들은 알려지지 않은 어느 깊은 산속 옹달샘을 연상케 한다.

▲ 두샨베 체육관 ▼ 두샨베 국립도서관

두샨베에는 나를 알아보는 사람도 없고 나 또한 아는 사람이 없어, 내가 갈 곳도 없고 나를 부르는 곳도 없다. 그냥 나로서 존재하고 스스로 채우고 스스로 평화롭다.

아파트에서 10분 정도 걸어 내려가면 나무숲에 둘러싸인 야외 카페가 있다. 이런 카페가 한두 곳이 아니지만, 여기에는 특별한 것이 있다. 일흔도 넘어 보이는 할머니 한 분이 직접 서빙을 하며 손녀뻘 되는 아가씨들과 함께 일하고 있다.

곱고 순수한 할머니의 모습에 반해 매일 이 야외 카페에서 양고기 샤슬릭에 맥주 한 잔으로 저녁을 때우곤 했다. 계산을 하고 돌아서는데 한 아가씨가 멋쩍게 한마디 한다.

"감사합니다."

나도 환하게 웃으며 대답했다.

"스빠씨바!"

분명 변하고 있는 두샨베를 지금 여행하고 있다는 것에 감사하며 하루하루를 접는다.

독립한 지 14년 된 타지키스탄

두샨베에서 버스나 택시를 타고 지방으로 가려면 터미널을 잘 알아두어야 한다. 우선 제2의 도시 후잔으로 가려면 시내 중심가 끝에 있는 스베니자보그 터미널에는 일명 총알택시들이 기다리고 있다. 말이 총알택시지 애니산맥과 안좁산맥을 넘어 제라프샤강을 지나는 데 보통 15시간 걸린다.

두샨베 근교와 동남부 쪽 근거리 도시인 큐르간투베, 큐랑 그리고 모스크바로 가려면 일반 시외버스터미널로 가야 한다. 두샨베에서 모스크바까지 장거리 버스도 있지만, 외국인 여행자들은 각 공화국의 비자를 미리 준비해야 한다.

파미르고원으로 이어지는 바흐닷(코화미콘), 다르맨드(콤소몰자베드), 칼라이 쿰, 러시한, 호로그, 젤란디, 무르갑에서 파미르고원 맨 끝자락인 카라쿨까지 가려면 공항 가는 길 오른쪽에 있는 파미르, 호로그 터미널로 가야 한다. 그리고 파미르고원을 가려면 반드시 여행허가서를 미리 발급받아야 한다.

타지키스탄은 중앙아시아의 다른 공화국과는 인종이 다르다. 카자흐스탄과 키르기스스탄은 몽골계에 가까운 아시아계, 우즈베키스탄이나 투르크메니스탄은 튀르크계, 타지키스탄은 이란과 아프가니스탄과 같은 페르시아인에 가까워 중앙아시아에서도 전혀 다른 느낌이다. 특히 아프가니스탄의 수많은 인종 가운데 타지크인들의 비율이 자그마치 30%에 가깝다.

얼굴의 반을 차지하는 어린아이들의 눈은 너무 예쁘다. 바라보면 볼수록 수렁에 빠지는 기분이다.

오늘은 타지키스탄이 독립한 지 14년 되는 날이다. 두샨베 시민들이 소모니 동상 광장과 레닌 공원에 다 모였다. 이른 아침부터 밤늦게까지 폭죽을 터트리며 새로운 타지키스탄으로 탄생한 9주년을 축하하고 있다.

독립기념일은 옛 소련에서 독립한 것을 말하고, 새로운 타지키스탄 9주년이란 옛 소련에서 독립한 후 심한 내전으로 인해 5만 명 이상의 시민들이 죽고 50만 명의 난민이 발생했던 것을 종식시키고 하나의 타지키스탄으로 재탄생한 것을 의미한다.

저들은 저들대로 나는 나대로 낯선

두샨베 기차역은 제법 웅장하지만 손님들보다 기차역을 지키는 경찰들이 더 많아 보인다. 두샨베에서 우즈베키스탄 테르메스로 넘어가는 기차 시간표를 보니 일주일에 두 번, 일요일과 목요일 오전 10시에 두샨베를 출발하는 기차가 있다.

대합실에 경찰들이 모여 앉아 연신 하품을 한다. 모든 풍경이 느릿하고 나른하다. 그냥 흘러가는 시간만 풍경 속으로 들어와 있는 느낌이다.

경찰들은 낯선 여행자가 들어오자 반색을 했지만, 한편으로는 두샨베까지 온 훼방꾼이 신기한 모양이다. 경찰 한 명이 타지키스탄 아가씨가 예쁘니 결혼할 생각이 있으면 소개해 주겠다며 웃었다.

저들은 저들대로 나는 나대로 낯설다. 그래도 이런 낯섦이 편안하다. 가끔 낯섦 속에서 보이는 내가 좋아진다.

걷다 보니 과거의 두샨베가 스크린처럼 스친다. 중앙아시아에서 최고라며 침이 마르도록 칭찬하던 두샨베 최고의 멋쟁이들이 모여들던 나이트클럽은 내전이 끝나고 러시아 병사들이 철수하면서 힘을 잃어버렸다. 한쪽 벽에는 보드카를 마시는 멋진 바가 있었고, 다른 쪽에는 담배를 피우며

두샨베 기차역

슬롯머신을 하는 아가씨들이 다리를 꼬고 앉아 있었다. 넓은 홀 가운데는 춤을 추며 짜릿한 시간을 보내려는 젊은 남녀들이 서로 사냥감을 찾던 곳이다.

두샨베에 단 하나뿐인 이 나이트클럽은 언제나 최고의 미인들이 초만원을 이루었는데, 지금은 맥없이 주저앉은 파친코와 함께 녹슬어 있다. 지난 시간만큼 닳아져 가고 있다.

두샨베 작가협회

푸석푸석하던 두샨베 풍경이 그립다. 주체하지 못할 정도로 넘쳤다가 어느 날 갑자기 텅 비어 버리기도 하고 그래서 쓸쓸해지기도 한다. 넘치고 채우고 비우면서 두샨베에서 흐르는 시간을 본다.

타지키스탄 두샨베는 나에겐 예나 지금이나 그리운 곳이다. 한때 중앙아시아에서 머물러 살고 싶은 곳이기도 했다. 손자의 아픈 배를 어루만져 주는 할머니의 약손 같은 곳, 내 상처를 아물게 해 줄 것 같은 위안을 느끼게 하는 곳이다. 만져지지도 않고 보이지도 않지만, 뭔가가 있다. 묘약 같은 것이 있다. 아무것도 없는 텅 빈 낯섦이 묘약일까?

계절이 준 선물

암달러 시장에서 환전을 하는데 상인이 재미있는 제안을 한다. 한국 돈과 달러 환율은 잘 모르지만 1.5배 쳐줄 테니 한국 돈을 사가라는 것이다. 대충 1달러에 1,000원 정도이니 1,500원을 준다는 계산이다. 손해 보는 장사는 아니다.

서랍을 열어 한국 돈을 보여 주는데 100만 원은 되는 듯하다. 한국 돈만이 아니라 전 세계 웬만한 돈은 다 있다. 개인이 운영하는 세계은행인 셈이다. 파미르고원을 여행하고 다시 두샨베에 오면 생각해 보겠다며 돌아섰다. 1.5배라면 해볼 만한 거래인데….

거리에 긴팔 옷이 등장했다. 두샨베의 가을도 여성들 옷차림에서 시작된다. 아직 한낮의 무더위는 식을 줄 모르는데 해가 지면 선선하다.

어느새 낙엽이 한 잎 두 잎 떨어진다. 여름이 가고 가을이 깊어져 겨울이 오면 반가워할 사람은 나 같은 여행자다.

옛 소련 시절 수많은 시인과 소설가와 음악가를 탄생시킨 것은 이 땅의 가을과 겨울인지도 모른다는 생각이 든다. 오래된 나무들이 많아서 이곳의 가을과 겨울은 더욱 깊다.

두샨베 소모니 동상

저절로 영혼이 깊어지는 곳! 이곳에서 가을과 겨울을 보내보면 안다. 누구라도 푸시킨이 되었다가 도스토옙스키도 되었다가 고리키도 되었다가 차이콥스키가 되기도 한다.

아무튼 이 땅에서 가을과 겨울을 함께하면 절로 그리될 것 같다. 그것은 바로 계절이 준 선물이다.

동무,
어서 오시라요!

아침 일찍 아파트 주인 비탈리가 고장 난 TV 리모컨을 고쳐 오면서 맥주를 한 바구니 가져왔다. 그러잖아도 부엌 냉장고에 아르메니아 코냑이 한 상자 있는데….

아침부터 맥주잔이 오가며 대화를 하다 보니 점심때가 다 되었다. 비탈리가 아파트에서 조금만 가면 한국 식당이 있다며 자리를 옮기자고 한다. 두샨베 시내를 몇 번 돌아보았지만 한국 식당을 본 적이 없는데 이상했다. 그래도 한국 식당이라니 반갑지 않을 수 없다.

버스로 10분도 안 걸리는 곳에 분명 '아리랑'이라는 한국 식당이 있었다. 순간 북한 식당이라는 생각이 들었다. 중앙아시아 곳곳에 있는 북한 식당 이름은 대부분 '아리랑'이기 때문이다.

식당으로 들어가자 "동무, 어서 오시라요!" 하며 중년 여성이 반갑게 인사를 한다. 그녀는 옛 소련 시절 타지키스탄 두샨베에 파견된 공작원이었는데 지금은 개인적으로 식당을 하고 있다고 한다. 어쨌든 유일한 한국 식당임에는 틀림없다.

고려인들이 즐겨 먹는 국시를 가져오자 비탈리도 좀 부족했던지 샤슬릭과 함께 보드카를 주문했다. 식당 여주인과 비탈리와 보드카를 계속 주고 받았다. 보드카가 우리를 마시는지 우리가 보드카를 마시는지 함께 나누는 이야기가 보드카를 마시는지 아리랑 쓰리랑이다.

한복에 한국말보다는 러시아 말과 타지키스탄말이 더 훌륭한 여주인은 두샨베에 남한 여행자가 온 것을 무척 반가워했다.

비탈리도 옛날이 그리운 모양이다. 지금보다 옛 소련 시절이 훨씬 살기 좋았다면서 푸념 아닌 푸념을 한다. 그는 부모가 1947년 러시아에서 두샨베로 이주했고 지금 그의 나이가 쉰 살이니 태어나기 8년 전에 이곳에 온 셈이다. 다른 형제들은 러시아에 살고 있다며 러시아를 그리워했다.

지금 타지키스탄에 러시안은 7% 정도밖에 되지 않는다. 옛 소련 시절 두샨베 중심가에 우뚝 서 있던 레닌 동상이 왜 소모니 동상으로 바뀌었는지 잘 모르겠다며 나에게 보드카 잔을 건넨다. 맥주로 시작해서 점심시간을 훨씬 지나 해가 질 무렵까지 보드카를 마셨다.

지나간 날은 왜 그리움으로 남아 있을까!

북한이 고향인 아리랑 식당 여주인, 형제들이 살고 있는 러시아를 그리워하던 비탈리, 중앙아시아를 떠돌고 있는 나, 모두 두샨베에서는 이방인들이다. 말로 다하지 못한 사연들이 하루 종일 보드카를 마시게 했다. 세월이 흘러 언젠가 또 오늘이 그리워지겠지.

드디어
파미르 여행허가서를 받다

어렵게 한글 지원이 되는 PC방을 찾았다. 찾은 것이 아니고 한글 지원을 만든 것이다. 인터넷 사용료는 한 시간에 1,500원 정도. 두샨베 거리 곳곳에 56k가 설치되어 있다는 안내문이 붙어 있다. 3년 전에는 PC방이 없어 외국 회사 사무실에 가서 한 시간에 17달러를 주고 인터넷을 사용한 것을 생각하면 격세지감이 느껴진다.

인터넷만큼 세상은 빠르게 변하고 있다. 우리나라도 1992년에 PC방이 처음 생기고 1998년 인터넷 게임 '스타크래프트'가 폭발적인 인기를 끌면서 오락 공간으로 자리를 잡았는데, 두샨베도 그 뒤를 따르고 있다.

오후에 드디어 파미르 여행허가서가 나왔다. 손바닥만 한 서류에 파미르 고원을 여행해도 좋다는 글자와 사인이 들어 있다. 이 서류 한 장을 받기 위해 열흘 가까이 두샨베에 머물러 있었다. 문득 이 서류만 가지고 파미르 고원을 여행해도 괜찮은지 의문이 들었다.

수차례 중앙아시아를 돌아다녔지만 이럴 땐 매번 무언가에 속은 것 같다. 이뿐만 아니라 옛 소련을 여행하면서 어떤 증명서나 허가서를 받고 나면 허탈해진다. 학수고대하던 것을 얻고도 뭔가를 잃어버린 듯한 느낌이다.

XIV
Шукуфон
бош.
Тоҷикистони
соҳибистиқлол !

타지키스탄 국민도 파미르고원을 가려면 나와 똑같은 절차를 밟아야 한다. 타지키스탄에 있지만 준독립국가 상태인 GBAO(Gorno-Badakhshan Autonomous Oblast) 정부로부터 여행허가서를 받아야만 들어갈 수 있다. 아르메니아의 나고르노 카라바흐 자치공화국이나 그루지야의 압하지야 자치공화국처럼 여행허가서를 받는 것과 같다.

두샨베를 따라 파미르고원 칼라이 쿰을 거쳐 호로그까지는 600km가 조금 넘는다. 그리고 호로그에서 젤란디와 무르갑을 지나 카라쿨을 왕복해야 하는 이 길은 2,500km 정도다.

이 길을 200km 이동하는데 어떤 길은 20시간 이상 걸리고 어떤 곳은 아예 길이 없다. 왕복 2,500km 중 1,500km는 대중교통이 없어 히치하이킹이나 별도로 차를 빌려야 한다.

타지키스탄 비자보다 더 어렵게 파미르 여행허가서를 손에 넣었으니 앞으로의 계획을 세우며 시원한 생맥주를 한잔하고 잠자리에 든다. 내일 아침은 새벽같이 일어나야 한다.

세계의 지붕이라는 파미르고원은 그냥 돌아보기엔 너무도 고귀한 지역이다. 그만큼 더 가보고 싶은 파미르가 나를 잡아당기는 것 같다. 이 끝에서 저 끝으로 날고 싶은 심정인가 보다. 그러기에 더욱 흥미로운 시간이 기다리는지도 모른다.

파미르야! 기다려라, 내가 너를 만나러 간다.

세계의 지붕
파미르고원에 첫발을 딛다

오늘부터 본격적인 파미르고원 여행이 시작된다. 파미르고원의 타지키스탄은 남쪽으로는 아프가니스탄, 북쪽으로는 키르기스스탄, 동쪽으로는 신장, 서쪽으로는 우즈베키스탄과 국경선을 맞대고 있다.

세계의 지붕이라 일컫는 파미르고원 왕복 2,500km를 횡단한다. 막다른 곳까지 가서 무엇을 얻게 될지 궁금하다. 그리고 나 자신과 무슨 이야기를 나누게 될까?

두샨베를 출발해 칼라이 쿰부터 호로그까지 판지강이 쉬지 않고 흐른다. 타지키스탄과 아프가니스탄 국경선을 함께 이동한 900km가 넘는 판지강은 중앙아시아에서 가장 긴 2,500km가 훨씬 넘는 아무다리야강과 만난다. 파미르고원의 시커먼 돌멩이에서 녹아흐르는 눈이 섞여 강물은 진회색 빛이다.

옛 소련제 9인승 미니버스인 마르슈트카를 개조하여 14명이 타고 갔다. 돌과 흙먼지, 울퉁불퉁한 강 길을 따라 이동하는 데 12시간 정도 걸린다. 그리고 험난한 협곡을 낙타 타고 가듯 쉬엄쉬엄 걸어갔다. 마음은 가을 들녘인데 머리가 지끈거린다.

밤 10시가 넘어 도착한 칼라이 쿰은 1m 앞도 보이지 않는다. 운전기사가 나를 내려놓은 곳은 다름 아닌 칼라이 쿰 경찰서 앞이다. 외국인 여행자가 제일 먼저 가야 할 곳은 호텔이 아닌 경찰서다. 여기서 파미르 여행신고서를 보여 주고 거주지 등록을 작성해야 한다.

시커먼 먼지를 뒤집어쓴 채 경찰서로 들어가자 당직 경찰관은 오늘은 시간이 늦었으니 내일 작성하자고 한다. 그리고 경찰이 지정해 준 민박집으로 향했다. 칼라이 쿰에서는 내가 잘 곳도 경찰이 정해 준다.

방은 5달러짜리 온돌방이다. 삐거덕거리는 침대보다 훨씬 편하다. 온몸이 돌처럼 굳어 있고 나른하여 아무 생각도 나지 않는다. 마시려고 사 온 물로 양치질만 하고 누웠다. 씻지도 않고 깨끗한 솜이불 위에 누운 것이 미안하다.

판지강 너머로 아프가니스탄을 바라보며

어제는 칠흑같이 어두운 밤에 도착하여 앞을 제대로 분간할 수도 없었다. 민박집조차 알아보기 힘들었다.

몸은 피곤한데 물줄기 소리에 이른 새벽 눈을 떠 보니 10m도 안 되는 곳에 판지강이 흐르고 있다. 거친 강 너머에는 곧 무너져 내릴 것만 같은 바위산이 칼라이 쿰을 노려보고 있다. 칼라이 쿰을 삼켜 버릴 것만 같은 바위산들이 사방에서 쏘아보고 있지만, 이곳 사람들은 아무렇지도 않게 살아간다. 완만한 산세 속에서 살아온 우리나라 사람들 같으면 야단법석에 하룻밤도 그냥 자지 못할 것이다.

밖으로는 이런 아슬아슬한 맛이 있다면 민박집 정원에는 파미르 사람들의 정겨움이 듬뿍 숨어 있다. 그리고 푹신푹신한 솜이불도, 아침을 준비해 준 파미르 여인의 소박한 정성도 우리네와 비슷했다.

파미르고원 여행을 시작하면서 어느 정도 예상은 했지만, 오늘은 해도 해도 너무했다. 민박집을 나와 먼저 칼라이 쿰 경찰서로 향했다. 어젯밤 너무 늦게 도착하여 거주지 등록을 못했기 때문이다. 담당 경찰관은 여권과 비자, 파미르 여행허가서를 일일이 체크하면서 여기저기 전화해 확인한

다음 이곳에 온 것을 환영한다며 악수를 청했다.

다음 행선지인 호로그까지 타고 갈 지프나 미니버스를 기다렸으나 점심 시간이 다 되어도 어느 것 하나 눈에 띄지 않았다. 간단히 점심을 먹고 다시 경찰서 앞에서 기다렸다. 자그마치 6시간을 허벅지가 쥐가 나도록 기다려도 지나가는 차가 아예 없다.

다시 경찰관을 찾아가 호로그로 가는 교통편을 알아봐 달라고 했지만 "그냥 기다려 보라"는 대답뿐이다. 오늘 중에 지나는 차가 있을 거란다. 경찰관의 '오늘 중에'란 말에 기운이 쭉 빠졌다.

파미르고원 각 지방에 물류를 실어 나르는 옛 소련제 대형 트럭인 카마즈를 얻어 타려고 기다렸지만, 그것도 헛수고였다.

시간은 오후 3시를 향하는데 어쩔 수 없었다. 수소문을 해 5인승 지프를 아예 통째 빌렸다. 이 지역을 오가는 사람들에게 일인당 20달러씩 받는데 80달러를 주기로 했다. 이제는 아무리 빨리 달려도 해 떨어지기 전에 호로그에 도착하는 것은 불가능하기에 더 늦기 전에 출발해야만 했다.

칼라이 쿰에서 호로그까지 250km는 판지강을 사이에 두고 아프가니스탄과 국경선을 맞대고 달린다. 중간에 휴식을 취하지 않고 달려간다면 시간을 단축할 수는 있지만, 아무리 빨리 달려도 8시간은 걸린다.

타지키스탄과 아프가니스탄은 거리가 채 50m도 안 되는 판지강을 따라 나란히 있어 아프가니스탄 사람들을 가까이에서 바라볼 수 있다. 남과 북이 하나 되는 것을 바라는 것처럼 타지키스탄 파미르 사람들과 북부 아프가니스탄 사람들도 하나가 되기를 원한다. 그들도 의사소통에 전혀 문제가 없다.

판지강을 따라가다 보면 타지키스탄 내전이 한창일 때의 모습을 곳곳에서 볼 수 있다. 낭떠러지로 떨어져 다 부서진 탱크와 녹슨 장갑차들이 곳곳에 버려져 있다. 추락해 만신창이가 된 헬기부터 대형 트럭들까지 그 위에서 뛰놀고 있는 아이들 모습에서 내전의 심각성을 읽을 수 있다.

이 험난한 산길에서 지나는 차량 번호판을 유심히 살핀 후 같이 가자는 이들이 있는데, 다름 아닌 파미르고원의 약탈자들이다. 만일 차를 세웠다가는 큰 봉변을 당한다. 가진 것을 몽땅 빼앗기고 목숨까지 잃을 수도 있다.

이들은 여러 길목에서 기다리다가 외국인 여행자가 타고 가는 차들을 귀신같이 알아내 약탈한다. 특히 오늘처럼 여러 사람이 아니고 혼자 타고 갈 때는 더욱 긴장해야 한다.

내전이 끝난 지 얼마 되지 않아 정치적·경제적·종교적으로 모든 것이 혼란스럽다. 타지키스탄 이슬람 부흥단(IRPT)이나 아프가니스탄 탈레반의 잔뿌리일지도 모른다.

식은땀이 주르르 흐르는 파미르고원 길이다.

잠 못 드는 밤

중간에 한 번도 쉬지 않고 달려 7시간 만에 호로그에 도착했다. 간식도 화장실도 꾹꾹 참았다. 그런데 하나밖에 없는 호로그 게스트하우스가 문을 닫았다. 난감했다. 아니면 하루에 최하 60달러 하는 세레즈 호텔로 가야 하는데, 이만저만 난처한 것이 아니었다.

국제 NGO 단체인 AFGHANISTAN FOUNDATION이 눈에 띄었다. 파미르의 끝자락 카라쿨까지 가려는 여행자인데 민박집을 찾는다고 하자, 한 직원이 오늘은 자기 집에서 자고 내일 알아보라고 한다. 그는 바로 이 단체의 매니저는 잘라루딘이다.

그가 혼자 살고 있는 소박한 아파트에는 영어, 러시아어, 타지크어, 아프가니스탄어를 비롯해 각종 이슬람 언어로 된 논문집이 책상 위에 수북이 쌓여 있다. 그리고 방이 세 개 있으니 떠나고 싶을 때까지 머물다 가라고 한다.

도대체 이들은 어떻게 그런 마음을 갖게 되었을까!

알마티 국제버스터미널 전화교환원 아주머니도 소파에서 하룻밤 자고 아침에 가라고 했다. 내가 누구인지도 모르는데 아무것도 따지지 않고 먼 나라에서 온 여행자를 친구로 받아들일 수 있는지 참으로 궁금하다.

파키스탄 젊은이 잘라루딘이 나를 부끄럽게 한다. 이 아름다운 청년과 같은 별에 살고 있다는 것이 행복하게 느껴진다.

호로그에는 이 외에도 MSDSP(Mountain Society Development Support Program)와 FOCUS라는 Humanitarian Assistance 등 국제 NGO 단체가 있고, 지금도 새로운 단체가 준비를 하고 있다.

호로그의 막강한 무장경찰들을 비웃으며 무섭게 질주하는 차는 대부분 빨간색과 노란색 번호판을 단 국제단체 차량들이다. 차에 큼지막하게 UN이라는 글자가 쓰여 있고, 호로그에서 이 차량들은 거의 서부시대의 무법자에 가깝다.

잘라루딘이 근무하는 단체에서 보트를 타고 아프가니스탄으로 넘어가 식량 지원 활동을 한다며 같이 가자고 한다. 아프가니스탄 비자도 필요 없고 만일 걱정된다면 지금 만들어 줄 수 있으니 전혀 문제 없다는 것이다.

타지키스탄과 아프가니스탄을 연결하는 20m도 안 되는 판지강 다리 밑으로 보트를 타고 가서 식량을 주고 오면 된다. 아프가니스탄 건너편에서는 어서 오라는 듯 소년 소녀 양치기들이 손을 흔들고 있다.

우리나라도 타지키스탄뿐 아니라 중앙아시아에서 봉사활동이라는 명목으로 종교사업을 하다가 다른 나라로 쫓겨 가거나 목숨을 잃는 경우도 있다. 무엇보다도 예민한 종교를 목적으로 하기보다는 좀 더 인류애적인 활동으로 다가갔으면 하는 생각이 든다.

호로그는 아침저녁으로 전기가 끊긴다. 나는 누웠다 하면 바로 잠이

드는데 조금 전 아파트 앞 공원에서 본 광경이 어른거린다.

서너 살쯤 되어 보이는 꼬마와 기껏해야 초등학교 1학년 정도로 보이는 아이가 화단 옆에 쪼그리고 앉아 큰아이가 주머니에서 작은 봉지를 꺼내더니 꼬마에게 뭔가를 먹여 준다. 그리고 봉지를 거꾸로 흔들어 보이고는 뒤집어서 열심히 빨기 시작했다. 그런 다음 자기 손가락을 꼬마에게 빨아 먹으라며 입에 물려줬다. 일어날 땐 꼬마 엉덩이에 묻어 있는 먼지를 털어주고 집으로 들어가는 모습을 바로 앞 벤치에 앉아서 물끄러미 바라보았다.

그들 모습을 바라보며 나는 한 대 얻어맞은 것처럼 멍했다. 한동안 넋을 놓고 앉아 있었다. 슬픈 동화 한 장면을 본 듯했다. 갑자기 가슴이 먹먹해왔다. 잠이 오지 않았지만 호로그에서는 이른 밤에도 보드카를 구하기 힘들다.

말로만 듣던 KGB

타지키스탄에 온 이유는 오늘이 있기 때문이다. 이번 중앙아시아를 여행하는 이유 중 가장 큰 기쁨도 오늘에 있다.

잘라루딘의 아파트에서 2박3일 신세를 졌다. 호로그에 오면 언제든 환영한다며 환하게 웃는 잘라루딘의 모습이 눈에 선하다. 새벽 5시 아파트를 나서며 고맙다는 인사를 하고 카라쿨로 향하는 옛 소련제 자가용 라다를 탔다. 어렵사리 섭외하여 카라쿨까지 동행하기로 한 친구는 오킴이다.

털털하게 생긴 오킴은 타지키스탄계 어머니를 닮아 키가 작은 것이 흠이라며 배시시 웃는다. 그는 가는 길에 먹을 것이 아무것도 없다면서 사과와 오이, 토마토를 한 자루 담아 왔다. 천 평은 넘어 보이는 그의 집은 과일나무로 뒤덮여 있어 거의 보이지 않을 정도다.

파미르 동쪽으로 가면 갈수록 여성들은 머리와 귀 그리고 목과 어깨를 가리는 다양한 스카프인 히잡을 두른다. 외국인 여행자를 일생에 몇 번 볼까 말까 한 산간벽지에 살고 있으니, 외국인 여행자가 얼마나 두렵고 무서울지 짐작이 간다. 아무것도 보이지 않는 깜깜한 밤에는 파미르의 강렬한 색상만큼 오히려 히잡을 쓴 여성들이 더 무섭다.

파미르고원 무르갑에서는 정신을 바짝 차려야 한다. 두샨베를 출발해 칼라이 쿰부터 시작되는 외국인 여행자 파미르 여행허가서 신고가 여간 버거운 것이 아니다. 무르갑 이전까지는 관할 경찰서에 신고하면 그만이다. 하지만 무르갑에서는 두 번 절차를 거쳐야 한다.

검문소에서도 철저하게 그간의 행적을 조사받는다. 무르갑에 들어와서는 지금과 같이 경찰서에 신고해야 하고, 그 신고서를 가지고 우리나라 안기부에 해당하는 옛 소련 KGB 사무실을 찾아가 신고해야 한다. 그런데 여기서는 신고가 아니다. 심문을 받는다고 하는 것이 더 어울린다.

파미르고원에서 깨끗한 정장 차림의 중년 신사가 근무하는 썰렁한 사무실은 낡은 책상 위에 노트와 볼펜이 전부다. 삐거덕거리는 나무의자와 녹슨 철제 책장 외에는 아무것도 없다. 널따란 사무실에 혼자 근무하는 KGB 요원의 자세는 조금도 빈틈없는 강철 같은 냄새가 풍긴다. 차가움을 벗어나 거의 돌부처에 가깝다.

여권에 옛 소련 각 공화국의 비자가 많은 이유는?

옛 소련 지역인 중앙아시아를 여행하는 이유는?

중앙아시아 중에 타지키스탄을 여행하는 이유는?

타지키스탄 중에 파미르고원을 여행하는 이유는?

파미르고원을 여행하고 신장으로 갈 건가, 키르기스스탄으로 갈 건가, 아니면 다시 두샨베로 갈 건가?

그러고는 볼펜으로 누런 노트에 꼼꼼히 메모를 하고는 아래위로 천천히 나를 훑어봤다. 조사를 다 끝내고 여권과 파미르 여행허가서를 돌려주며 단 한마디 "건강하시오!" 하고는 손을 내밀었다. 나는 얼른 악수를 나누고 사무실을 나왔다. 말로만 듣던 KGB 사무실이다.

모든 것이 귀하고 귀한 곳

검문과 조사 그리고 어렵사리 길을 찾아 달려가다 보면 고산병이 기다리고 있다. 젤란디를 지나면 4,272m의 코이테제크산맥이, 알리쳐를 지나면 4,137m의 나이자차쉬산맥이 버티고 있다. 카라쿨 호수 가까이 와서 4,655m의 아크바이탈산맥을 넘을 때는 현기증과 한 대 얻어맞은 것처럼 머리가 띵했다.

중간에 타이어가 펑크나 애간장을 태우기도 했는데, 하루 종일 지나는 차는 몇 대도 안 된다. 해가 저물어 고장이 나면 오도 가도 못하는 신세가 된다.

카라쿨을 지키는 군인들이 외국인 여행자가 나타나자 할 일이 생겼다는 듯 반갑게 맞아 주었다. 그들은 일일이 서류를 신경 쓰지 않아도 여기까지 오는 동안 파미르 여행허가서와 비자 검문을 철저히 받았다는 것을 알고 있다는 표정이다. 그러면서 카라쿨의 유일한 민박집으로 친절하게 안내했다.

민박집 주인인 에르킨과 딜다한이 따뜻한 차이와 감자볶음으로 저녁 식사를 준비해 주었다. 식사가 끝나자마자 하루 종일 운전을 한 오킴은 코를 골기 시작했다.

АК-БАЙТАЛ
4655м

나는 하루 일과를 정리하는데, 밖으로 나간 에르킨은 잠시 기다리라며 자가 발전기를 돌려 방에 희미한 전등을 켜 주었다. 그러면서 내가 일기를 다 쓸 때까지 발전기가 꺼지지 않게 봐줄 테니 궁금한 것이 있으면 물어보라며 잠자리에 누울 때까지 신경을 써 주었다. 중간에 발전기가 꺼져 정리하는 것을 내일로 미루고 촛불로 대신했지만.

전기가 없는 카라쿨에는 물도 귀해 세수는커녕 발도 못 씻고 양치질도 못 하고 잠자리에 누웠다. 하지만 세상이 다 내 것 같다. 푹신푹신한 솜이불을 아래위로 두 개나 깔아 주어 파미르고원 구름 위에 떠 있는 것 같다.

타지키스탄 파미르고원의 끝자락 카라쿨.
물도 소중하다.
불도 소중하다.
사람도 소중하다.
세상도 소중하게 느껴진다.
나도 소중하게 생각된다.
모든 것이 귀하고 귀한 곳에 내가 누워 있다.
오늘이 참으로 소중하다.

카라쿨 호수에서 만난 사람들

딜다한! 카라쿨에 단 하나밖에 없는 민박집 이름이다. 또한 에르킨의 아내 이름이기도 하다. 에르킨은 옛 소련 시절 부모가 키르기스스탄에서 타지키스탄으로 이주했다고 한다. 카라쿨 호수가 고향인 에르킨은 누구보다도 호수에 특별한 애정을 갖고 있다.

오킴은 타지키스탄 파미르 사람이고, 에르킨의 국적은 타지키스탄이지만 타지키스탄 말이나 파미르 말이 서툴러 키르기스스탄 말을 하는 키르기스스탄 사람이다. 그러기에 두 사람은 러시아어로 해야 서로 알아듣는다.

호로그를 출발하여 알리쳐와 무르갑을 지나면서 카라쿨에 올 때까지 파미르고원의 타지키스탄 영토의 모든 간판이 키르기스어로 적혀 있어 오킴은 간판이 낯설다고 했다. 이 지역은 옛 소련 시절 키르기스스탄 사람들이 살았던 곳이며, 지금도 거의 모든 기준이 키르기스스탄에 맞춰져 있다. 시간 또한 타지키스탄보다 한 시간 빠른 키르기스스탄 시간을 따른다.

카라쿨 호수에서 북쪽으로 60km를 달려가면 4,282m의 키질아트산맥이 기다린다. 이 산맥만 넘으면 바로 키르기스스탄이다.

민박집 딜다한에서 저쪽 너머로 보이는 카라쿨 호수는 험난한 파미르산맥에 가려서 잘 보이지 않는다. 카라콜 호수는 해발 4,000m 고도에 길이 33km, 폭 23km의 빙하 호수다. 겨울에는 기온이 영하 40도 이하로 떨어져 1m 두께로 얼어붙어 그 위를 군용차들이 지난다.

에르킨은 카라쿨 호수를 여행한 외국인은 거의 없다며 1991년 이후 자기 집에서 머물고 간 외국인 여행자들이 적어 놓은 방명록을 가지고 왔다. 방명록을 보니 내가 35번째 방문객이다. 주로 독일, 프랑스, 벨기에, 폴란드 등 유럽 배낭여행자이고 한국인 여행자는 내가 처음이다.

방명록에 몇 글자 적었다.

파미르를 영원히 기억할 대한민국에서 온 여행자 이한신

Ханшин Ли

путешественник из Южной Кореи

который навсегда запомнит Памир.

그리고 몇 년 후 에르킨과 딜다한을 다시 만났을 때 우리는 중년에서 노년으로 가는 길목에 있었다. 세월이 더 흐른 다음 또다시 만나게 된다면 그때는 분명 노년의 모습일 것이다.

에르킨은 내가 감기라도 걸릴까 봐 아래위로 두툼한 솜이불을 두 개나 깔고 덮어 주었다. 그것도 모자라 옆에 솜이불을 두 개 더 놓고 나갔다. 에르킨의 마음은 하얀 시트처럼 티 없이 맑다.

두샨베에서 칼라이 쿰까지 이어져 있는 하룸게스강 색깔이 회색빛이라면, 칼라이 쿰에서 호로그까지 아프가니스탄 국경선을 마주 보며 달린 판지강은 검붉은 빛이고, 호로그에서 카라쿨까지 함께한 군트강과 무르갑강은 수정같이 맑다.

수정같이 맑은 에르킨과 딜다한이다.

파미르고원 동쪽 끝으로 오면서 지구상에서 몇 군데 남지 않은 청정지역이라는 말이 실감났다. 무엇 때문에 파미르고원을 세계의 지붕이라 하는지 알 것 같다.

우리에게는 고려인을 강제 이주시킨 인물로 악명 높은 제2대 옛 소련 공산당 서기장 스탈린도 타지키스탄의 험난한 지형 때문에 철도와 도로를 건설하려다 포기했을 만큼 판 마운틴과 이 파미르고원은 외부 사람의 발길을 좀처럼 허용하지 않는다.

카라쿨 주변 산들은 웅장하기 그지없다. 7,495m의 콤뮤니르마산과 7,134m의 레니나산 등에 둘러싸여 파미르고원에 사는 사람들조차 서로 언어가 다를 정도다.

파미르고원 맨 끝자락에 오기까지 '왜 이곳에 가야 하는가?' 하고 수없이 자신에게 묻고 또 물었다. 함부로 받아들여 주지 않는 곳이어서 그토록 오고 싶었는지 모른다. 특히 카라쿨 호수는 호기심 많은 몇몇 여행자만이 만날 수 있다. 오늘 나는 그 파미르고원의 카라쿨에 몸을 던졌다.

내가 돌아 나올 때는 파미르고원 곳곳의 검문소를 지키던 군인들도 알아보고 반갑게 악수를 청했다. 이제 여행허가서는 뒷전이고 검문 초소 안으로 들어와 앉았다 가라는 것이다.

초소 안은 너무도 초라했다. 시뻘겋게 녹슨 난로와 땟국이 흐르는 모포, 그리고 주저앉을 것 같은 간이침대가 전부다. 손님이 와도 차이 한 잔 대접하기가 어렵다.

낡은 나무 책상과 의자는 얼마나 수리를 했는지 덧댄 곳이 더 많다. 내 마음을 더욱 시리게 한 것은 악수를 나누는 군인들의 손등이다. 아프리카 흑인처럼 검다 못해 시꺼먼 윤기가 흐르고 찢어진 곳에 피가 엉겨 있다. 추위와 바람에 손등이 갈라진 것이다.

파미르고원 마을들이 대부분 그러하듯 이 군인들도 마실 물조차 귀한 상황에 씻고 닦는다는 건 너무 사치스러운 생각이다. 내가 살아가는 동안 가진 것은 많지 않아도 부족하지는 않을 것 같다. 어제와 오늘의 삶을, 내일의 삶을 파미르고원의 군인에게서 배운다.

늦은 밤 수친에 있는 오킴의 집으로 돌아왔다. 나와 함께 카라쿨에 갔다 오느라 온갖 고생을 한 오킴은 세 형제 중 장남으로 술과 담배를 전혀 하지 않는 충실한 파미르 농부다. 오킴의 아버지는 신장 우루무치를 왕래하면서 보따리 장사를 한다.

그는 하늘이 내려준 친구가 자기 집에 머물게 되었다며 파미르 샤슬릭을 요리해서 저녁에 한잔 해야 한다며 맥주 2병을 사가지고 와서 정말로 딱 한 잔 하고 나가떨어졌다.

오킴의 집엔 지금 몇 달째 전기가 끊겼다. 저녁을 먹는 바깥마당에는 등불을 켜고 집 안에는 촛불을 켠 채 새벽이 밝아올 때까지 식구들과 이야기를 나눴다.

카라쿨에서도 촛불, 수친에서도 촛불이다. 세상에서 가장 밝은 촛불이다.

둥근 보름달이 수친 하늘을 훤히 밝히고 있다. 그러고 보니 오늘이 추석이다. 파미르고원의 작은 마을 수친에서 추석을 맞았다. 파미르고원에서의 촛불과 추석, 오래오래 기억에 남을 것이다.

비행기 예약은
꿈에서도 불가능한 일

달콤한 아침이다. 창문 너머로 판지강 물소리가 상큼하다. 새들의 합창 소리도 기분 좋게 들린다. 여기저기서 경쟁하듯 과일 떨어지는 소리가 난다.

집을 에워싸고 있는 과일나무와 채소밭을 지나려면 한참 걸어 나가야 한다. 밀 수확을 끝낸 들녘에는 밀짚들이 하늘을 향해 서 있다.

아침 산책을 하고 돌아오는 나에게 빨리 와서 아침을 먹으라며 손짓을 한다. 오킴의 어머니와 둘째 동생과 막 결혼한 새색시가 정성껏 아침상을 준비했다. 파미르 말은 잘 통하지 않아도 손짓만으로도 어머니의 마음이 전해진다.

맛있게 아침을 먹고 호로그 비행장으로 향했다. 호로그에서는 날씨에 따라 하루에 한 번 비행기가 이륙한다. 두샨베에서 오전 9시에 이륙해 호로그에 오전 9시 50분에 착륙했다가 한 시간 후에 다시 두샨베로 향한다.

보통 25인승에서 40인승 경비행기인데 두샨베에서 호로그로 가는 사람들이 많으면 어쩌다 하루에 두 번 운항하는 경우도 있다. 물론 기상 상태가 좋아야 가능한 일이다. 하루에 비행기가 두 번 운항하는지, 25인승인지 40인승인지는 비행기가 두샨베에서 이륙하기 전까지는 아무도 모른다.

BEAR

호로그에서 인터넷이나 전화로 비행기표를 예약하는 것은 꿈에서도 불가능하다. 여권과 파미르 여행허가서를 전날 호로그 비행장에 근무하는 직원에게 맡겨야 한다. 순서대로 모아 놓았다가 경비행기 크기에 따라 도착하는 대로 비행기표를 판다. 이러니 오늘 나에게 돌아올 표는 당연히 하늘의 별따기 만큼 어렵다.

혹시 오후에 경비행기가 오지 않을까 기대를 갖고 1시까지 기다리다가, 여권 사본과 파미르 여행허가서를 직원에게 맡기고 비행장을 나왔다.

훌레뷔자보드 사우나를 찾았다. 공사 중이어서 손님을 받지 않는다는 주인에게, 한국에서 온 여행자인데 일주일 넘게 샤워를 못했다고 하자 찬물밖에 나오지 않는단다. 그나마 찬물도 언제 중단될지 모르니 그래도 좋다면 샤워를 하라고 한다.

외국인 여행자가 왔다고 하자 일을 하던 온 가족이 창문 너머로 바라본다. 나는 번개같이 달려 들어가 발끝부터 머리끝까지 그리고 손톱 발톱은 물론, 속옷까지 깨끗이 빨았다. 단 1달러에 시원하게 샤워를 했다. 그리고 생맥주를 한잔 들이키니 이보다 좋을 순 없다.

호로그에서 가장 번화가인 GBAO 청사 소모니 동상 앞을 배낭을 짊어지고 걸어가자 이곳 젊은이들의 눈이 휘둥그레진다. 별 이상한 사람이 왔다는 듯 의아한 표정이다.

깨끗하게 면도한 얼굴로 오킴의 집으로 들어서자 가족들이 빙그레 웃으며 반긴다. 내 집이라 생각하고 호로그를 떠날 때까지 편하게 있으라면서 차이와 과일을 내온다. 그러고 보니 정말 내 집같이 편안하다.

호로그 GBAO 청사

하늘에서 마주친 파미르고원

오킴의 가족들과 작별 인사를 나누고 새벽에 호로그 비행장으로 향했다. 오킴의 어머니는 오늘도 비행기가 없으면 다시 돌아오라며 따듯하게 배웅해 주었다.

어제 오전 공항 직원에게 여권 사본과 파미르 여행허가서를 맡겨 놓았기 때문에 오늘 비행기를 타는 것이 문제가 아니라 두샨베에서 비행기가 이륙하느냐가 관건이다.

날씨가 좋아야 운항을 하기 때문에 자꾸 하늘만 바라보게 된다. 타지키스탄 비자를 받는 것보다 파미르 여행허가서를 받는 것이 더 어렵지만, 파미르고원을 횡단한 것보다 더욱 더 어려운 것이 호로그에서 비행기를 타고 두샨베로 가는 것이다.

두샨베에서 비행기가 이륙했다는 연락을 받고서야 서류 순서대로 한 사람씩 얼굴을 대조하면서 표를 끊어 준다. 다행히도 날씨가 좋아 40인승 경비행기가 오는 것까지는 좋은데 일일이 수작업을 하려면 몇 시간이 걸린다. 이름을 부르면 유리 없는 창문을 넘어오기도 한다.

중앙아시아 각 공화국 수도의 공항이 우리나라 서울역보다도 못하고,

더군다나 지방의 공항은 웬만한 버스터미널보다도 훨씬 떨어진다. 호로그 비행장 사무실은 초라하기보다는 소박하다. 시골 버스정류장 같다. 그래도 오늘 하루만큼은 시골 장터 분위기다.

하늘에서 바라본 파미르고원은 숨이 막힌다. 눈앞에 펼쳐진 파미르고원은 말문을 막아 버린다. 어떤 아름다움보다 차원이 다른 아름다움을 하늘에서 마주친 파미르고원에서 배운다. 할 말이 없다. 멍하다.

육로로 20시간을 달려온 험난한 길을 비행기로 단 1시간 만에 두샨베에 도착했다. 두샨베에서 우즈베키스탄으로 향하는 국경선까지는 약 70km인데 돌아돌아 120km를 가야 한다.

타지키스탄 뻐랏스또뷔 국경선에 도착하자 또 그냥 나가란다. 국경선을 지키는 군인은 한술 더 떠서 비자 기간이 열흘 정도 남았으니 그 안에 한 번 더 입국할 수 있도록 간이 출국 스탬프를 찍어 주었다. 아르메니아 예레반에서 나고르노 카라바흐 비자를 받을 때 여권에 찍어 주지 않고 일반 서류에 찍어 주는 것과 같다.

중앙아시아를 수없이 여행했지만 지금도 이해할 수 없는 것이 있는데, 그것은 각 공화국 비자를 받을 때마다 기간과 관계없이 비용이 다른 것과 지금처럼 비자 검문도 하지 않고 입출국을 하는 경우다. 유럽의 솅겐 조약처럼 중앙아시아 다섯 공화국이 비자를 공유하지도 않는데 뭐가 뭔지 헛갈리지만 참으로 재미있는 곳이 중앙아시아다.

히사르

타지키스탄 국경선을 지나 우즈베키스탄 사리아시야 국경선을 넘어가자 세관원과 군인들은 아예 신경조차 쓰지 않는다. 중앙아시아 각 공화국의 국경선을 넘을 때마다 특별한 상황이 아니면 이처럼 이웃 마을 마실 가듯 건넌다.

군인들은 앞에서 기다리는 택시를 타고 테르메스로 직접 가면 바가지를 쓰니 중간에 데나우 버스터미널에서 택시를 갈아타면 비용을 절약할 수 있다고 친절하게 알려 준다.

옛 소련 열다섯 공화국 연방을 연결해 주는 국경선은 수없이 많다. 내가 지나온 국경선은 내국인뿐만 아니라 외국인 여행자가 드문드문 나타나니 여행자를 보는 것만으로도 즐거운 모양이다. 싱겁게 타지키스탄 뿌랏스또붜 국경선과 우즈베키스탄 사리아시야 국경선을 통과해 또다시 우즈베키스탄 땅을 밟았다.

사리아시야 국경선에서부터 170km를 달려 테르메스에 도착했다. 전에 묵었던 코진 호텔은 없어지고, 테르메스에서 유일하게 운영하는 써한 호텔로 향했다. 가격은 그때나 지금이나 30달러로 5달러 정도는 깎아 주겠다고 한다. 여기서도 호텔 방값이 흥정에 따라 달라진다.

고개를 저으며 10달러 미만의 호텔을 찾는다고 하자, 지금 짓고 있는 호텔이 있다며 주소를 적어 주었다.

호텔 이름이 너무 재미있다. '오시오'라니! ㄱ자 모양으로 1층짜리 호텔을 짓고 있는데 완성된 방부터 손님을 받고 있다. 이 호텔은 더블룸 4달러, 룩스 10달러로 공사 중이어서 어수선하지만 고급 호텔 시설 못지않다.

하루 종일 하늘을 날고 땅을 달려왔다. 타지키스탄 호로그에서 두샨베까지 600km를 비행기로 날아왔고, 두샨베에서 우즈베키스탄 사리아시야 국경선까지, 그리고 다시 국경선에서 테르메스까지 250km를 숨 가쁘게 뛰어왔다. 이른 새벽부터 밤하늘에 별들이 반짝일 때까지. 몸이 나른나른하다.

CENTRAL ASIA

신장 위구르 위구르스탄 - 카자흐스탄
키르기스스탄 - 타지키스탄
우즈베키스탄 - 투르크메니스탄

제5장

실크로드의 나라 우즈베키스탄

내일을 기약할 수 없는 만남

한겨울이던 파미르고원에서 서쪽으로 900km를 이동해 또다시 한여름으로 돌아왔다. 칼바람이 불어오던 파미르고원에서 이제는 키질쿰사막으로 이동하게 된다. 발바닥은 물론 몸 여기저기서 삐거덕거리는 소리가 들린다.

2,500km의 아무다리야강을 사이에 두고 동쪽으로는 타지키스탄, 서쪽으로는 투르크메니스탄 그리고 남쪽으로 아프가니스탄과 국경선을 이루고 있는 우즈베키스탄의 최남단 도시 테르메스에서 발길을 멈추었다.

2, 3년 사이에 호텔이 많이 들어섰다. 하루 60달러 이상 하는 메르디안 호텔부터 중급 호텔인 ASSON, PAMS 등 지금도 공사 중인 호텔들이 여러 곳 있다.

테르메스 사람들은 생맥주를 마실 때 별난 습성이 있다. 500cc 잔보다 조금 커 보이는 700cc~800cc들이 플라스틱병에 생맥주를 따라 마신다. 주둥이가 없는 플라스틱병에 보드카를 섞어 벌컥벌컥 마신다. 강력한 폭탄주인 셈이다.

테르메스 알뽀무시 동상

테르메스 알 하킴 모슬림

지금처럼 더울 때 우리나라 사람들이 마시는 폭탄주와 닮았다. 그리고 폭탄주를 마시고 나서 작은 사발로 물을 한 잔 마신다. 나도 따라서 한 잔 마셨다가 목이 타들어가는 줄 알았다. 물이 아닌 보드카를 사발에 담아 주었던 것이다.

테르메스에 도착해서 만난 이크롬과 무토르의 초대로 그의 친구 생일 파티에 참석했다. 근사한 카페에 열 명의 친구들이 모였는데, 보드카를 한두 잔 마시더니 신나는 음악과 함께 춤을 춘다. 실력들이 대단하다.

테르메스 박물관

언제 다시 테르메스에 올지 모르겠다. 온다 해도 이들을 만날 수 있을지 모를 일이다. 여행자는 만남도 그냥 스칠 수밖에 없고 몸도 마음도 움직여야 한다.

멈추면 고이게 마련이다.

어떤 만남도 내일을 기약할 수 없다.

내일을 기약할 수 없는 것이 인생이다.

이것이 여행이고, 인생도 삶도 그렇다.

조용히 쉬었다 가는 카르시

이른 아침 눈을 떴다. 호텔 공사 소리 때문에 더 잘 수가 없다.

우즈베키스탄 최남단에 있는 테르메스에서 북쪽으로 270km 떨어진 카르시까지 버스를 타고 7시간 30분 만에 도착했다. 빨리 달리고 싶어도 버스가 말을 듣지 않는다. 고집스럽게 40~50km로 달린다.

여기서는 이 정도도 고맙다는 생각이 든다. 중앙아시아에서 느긋하지 않으면 버스를 탈 때마다 화병이 난다. 그 대신 시골 마을 풍경은 실컷 구경할 수 있다.

지금까지와는 전혀 다른 차원의 검문이 시작되었다. 나라와 나라 사이의 국경선도 아닌데 네 번의 여권 검사도 검사지만 매번 분위기가 살벌했다. 우람한 병사들이 여권과 버스의 모든 짐들을 샅샅이 뒤졌다. 버스도 밑창까지 그냥 지나가는 것이 없었다.

좀 의심스러운 사람과 외국인은 버스에서 내려 조사를 따로 받아야만 했다. 특히 외국인은 개인 소지품까지 조사하는 군인들의 얼굴에 찬바람이 돈다. 바로 자동 소총을 잡아당길 것만 같은 긴장감이 흘렀다. 이유는 반정부 단체인 우즈베키스탄 이슬람 운동(IMU)이 탈레반과 연계되어 있기 때문이다. 우즈베키스탄 테르메스와 아프가니스탄 하이라탄과의 국경선에는 우정의 다리가 연결되어 있어 검문검색이 살벌할 수밖에 없다.

카르시에서도 늘씬한 러시아 아가씨들과 부의 상징인 금니로 장식한 아리따운 우즈베키스탄 아가씨들이 앞뒤로 배낭을 멘 내 모습을 보고 손짓을 한다. 지금까지 묵었던 호텔 중에 카르시만큼 큰 호텔은 보지 못했다. 엄청 크다. 하지만 엉성하기 짝이 없다. 프런트 아주머니는 여행자라고 하자 업무상인지 그냥 여행인지 자세히 물어봤다.

내 비즈니스 비자를 보면서 정말로 여행자인지 다시 물었다. 그러면서 각 공화국 비자도 비즈니스 비자인데 정말이냐고 또 물었다. 여행자에게는 하룻밤에 3,000숨 2.5달러만 받지만, 업무상으로 온 경우에는 정해진 값이 따로 없어 비싸게 받는다. 여행자와 업무로 온 사람과는 이중 가격을 받고 있다.

카르시에서는 나무 그늘에 앉아 시원한 맥주를 한잔하며 조용히 보내는 것이 최상의 여행이다.

이곳에 있으면 누가 무슨 말을 하는지 구분하기 어렵다. 러시아 사람이든 우즈베키스탄 사람이든 대부분 러시아어과 우즈베크어를 쓴다. 거기에다 타지크어와 튀르크어, 심지어 위구르어까지 듣고 있으면 내 혀가 저절로 움츠러든다.

나는 여행하면서 위구르어, 카자흐어, 키르기스어, 우즈베크어, 타지크어는 인사말을 수첩에 적어 가지고 다니며 사람들을 만날 때 쓴다. 영어나 러시아어로 인사하는 것보다 그들의 언어로 인사를 하면 어린아이들보다

카르시 제2차 세계대전 묘지

어른들이 더 좋아한다.

길을 걷다 우연히 우즈베키스탄 할머니의 초대를 받았다. 앞마당에는 나무에 과일이 주렁주렁 열렸고 뒤뜰에는 양과 염소와 닭들이 뛰놀고 있다. 나에게 논과 차이를 따라주면서 머나먼 이곳까지 혼자 여행을 왔느냐며 묻는다.

3층 호텔 방 바로 아래 있는 카페에서 카르시 전체가 떠나갈 정도로 크게 음악을 틀어 놓았다. 하지만 누구 하나 불평하지 않는다.

내일은 타슈켄트로 떠난다.

타슈켄트에서 만난 반가운 사람들

나는 지금 타슈켄트의 우즈베키스탄 호텔에 머물고 있다. 보고 싶은 이들을 만나기 위해 카르시에서 500km를 바람같이 달려왔다.

호텔 앞에서 백승진 군을 만났다.

"형! 배낭 메고 또 여행을 떠났네요!"

뜻밖이었다. 얼마 전 서울에서 소주 한잔하고 헤어졌는데 타슈켄트에서 재회했다. 반가운 소식도 함께 전해 주었다. 우즈베키스탄 아내가 만삭이어서 2, 3일 후면 아빠가 된단다.

우연히 김갑수 군도 만났다. 5년 전 우즈베키스탄으로 떠날 때 이야기를 많이 나눈 후배다. 언젠가 형을 타슈켄트에서 만날 줄 알았다는 그에게 이제 우즈베크인의 진한 향기가 배어 있다.

둘 다 국제결혼을 했으니 우즈베키스탄과 인연을 갖고 살아갈 후배들이다. 우즈베키스탄 경제가 매우 어렵지만, 이들과 같은 젊은이들이 힘을 모아 제2의 전성기를 맞았으면 하는 마음 간절하다.

저녁을 먹고 있는데 중앙아시아 전문 여행사를 운영하는 후배가 한국에서 국제전화로 안부를 묻는다. 모두 반가운 지인들이다.

호텔방 안에 물건들이 어지럽게 널려 있다. 아무것도 하지 않고 뒹굴고 있는데도 시간은 흐른다. 점심을 먹고 낮잠을 자고 일어나니 해가 땅 끝으로 가라앉아 있다.

호텔 분수대 옆에 있는 카페로 향했다. 고급 식당도 아니고 그렇다고 유명한 식당도 아닌데, 일요일이라서 그런지 빈 테이블이 없다.

꽃을 파는 소녀와 바이올린을 켜는 소녀가 어김없이 등장한다. 몇 년 전엔 어린아이였는데 이제는 어엿한 소녀티가 날 만큼 키가 자랐다.

타슈켄트 티무르 박물관

그때나 지금이나 변함없이 물줄기를 뿜어대는 분수대만 말없이 나를 바라보고 있다.

신혼 냄새가 물씬 나는 이동수 군과 나타샤의 집에 초대받았다. 아담한 아파트는 갈색 나무로 리모델링을 해 아늑한 느낌이다. 응접실에 앉아 차를 마시는 동안 김치찌개 냄새가 코를 찌른다. 어디서 배웠는지 나타샤의 음식 솜씨가 보통이 아니다.

타슈켄트 브라트스키에 마길르 공원

다시 배낭을 메고 떠나기로 했다. 타슈켄트에서 잠시 재충전의 시간을 가지면서 머리 손질도 하고 발바닥 각질도 제거하고 불편한 안경 수리는 물론 치아 스케일링까지 했다. 여행을 다니느라 발바닥은 거북등 같다. 러시아 할머니가 2시간 넘도록 각질을 벗기고 마사지해 준 값이 4달러다.

먼저 투르크메니스탄, 아제르바이잔, 아르메니아, 그루지야, 우크라이나, 몰도바 등 6개 공화국의 비자를 알아봐야 한다. 지금으로선 안심할 수 있는 공화국이 하나도 없다. 타슈켄트에서 지인들을 만나는 것도 좋지만 떠나는 것이 나을 것 같아 비자 준비를 서두르기로 했다.

각 공화국 비자를 받느라 한바탕 전쟁을

우즈베키스탄 경제만큼이나 옛 형제 국가들의 비자를 받기도 만만치 않다. 지나온 카자흐스탄이나 키르기스스탄과 타지키스탄 비자는 잘 넘겼다. 아제르바이잔과 그루지야 비자는 3일에서 5일이면 가능하다. 아르메니아 비자는 그루지야에서 해결할 수 있다. 그리고 아르메니아에서 나고르노카라바흐 입국 서류도 가능하다.

그런데 어떤 독재 국가와도 비교가 되지 않는 투르크메니스탄 비자가 가장 걸림돌이다. 초청장 받기도 어렵고 비자 값이 너무 비싸다.

경유 비자도 문제가 많다. 이란이나 아제르바이잔 비자가 있으면 72시간 또는 120시간 경유 비자를 발급해 주는데, 투르크메니스탄에 기차와 버스를 타고 육로로 입국하려면 120시간 가지고는 무리가 따른다.

항구 도시 투르크멘바시에서 화물선을 타고 아제르바이잔 바쿠로 가는 것도 시간이 부족하다.

투르크메니스탄 비자가 이렇다면 몰도바 비자는 아예 타슈켄트에서는 생각지도 말라는 것과 같다. 몰도바 비자는 그 나라 국적을 가진 사람이 타슈켄트에 회사를 차려 그 회사 이름으로 된 초청장이 있어야 비자를 받을 수 있다고 한다. 타슈켄트에 있는 지인들을 총동원하고 그것도 모자라 모든 여행사를 샅샅이 뒤졌음에도 그런 조건을 가진 회사를 찾을 수가 없었다.

또한 우크라이나 비자는 어쩔 수 없이 포기하기로 했다. 우크라이나 대사관 영사의 말이, 한국 사람은 한국에서만 비자를 발급받아야 한다며 초청장을 가지고 와도 비자를 발급해 줄 수 없다고 한다.

내 머리로는 정리가 안 된다. 비자를 받는 동안 앞으로의 여행을 정리해 보지만 빙빙 돈다. 편안하게 머물다 타슈켄트를 떠나려 했는데 한바탕 비자와의 전쟁을 해야 할 것 같다.

옛 소련 여행길은 계획대로 움직여지지 않는다. 결국 투르크메니스탄 비자가 말썽이다. 관광 비자는 너무 비싸서 망설여지고, 경유 비자는 도저히 시간을 맞출 수가 없다. 타슈켄트에 있는 모든 여행사에 전화를 걸어 투르크메니스탄 초청장을 가장 저렴하게 취급하는 곳을 알아보았다.

신속 저렴하게 초청장을 받을 수 있는 곳을 한 군데 알아냈다. 투르크메니스탄 비자를 효율적으로 얻는 방법은 옛 소련 시절처럼 바우처를 구입하는 것밖에 없다는 여행사 직원의 설명이다. 바우처란 여행하고자 하는 지역의 호텔을 우선 예약하고 미리 돈을 지불하는 것이다.

또한 여행하는 동안 안내인이자 감시인도 정해진다. 일주일이나 한 달 비자뿐만 아니라 29일이나 17일 비자도 발급받을 수 있다. 나는 비행기로 입출국하는 것이 아니기에 바우처 계산하기가 매우 복잡했다.

타슈켄트 지진 기념비

국경선을 통과할 때 현지 안내인과 국경선에서 만나지 못하면 입국조차 할 수 없는, 첩보영화에나 나올 법한 타이밍을 맞추어야 한다.

얼마 전 투르크메니스탄에서 새로운 법이 여러 개 시행되고 있는데, 비자 받는 것 또한 여기에 해당한다. 그리고 투르크메니스탄 여자와 결혼하려면 국가에 약 3만 달러의 지참금을 내야 하고, 외국 유학파들은 모조리 국외로 추방했다.

중앙아시아와 캅카스 여행을 마치고 돌아오니 투르크메니스탄의 그 지독한 사막 위에 동물원을 짓는다는 발표를 했는데, 동물원을 세우는 조건 중에 펭귄이 살 수 있는 시설을 반드시 만들라고 했단다. 전 국토의 90%가 숨이 콱콱 막히는 사막의 나라에.

한숨 돌렸나 싶더니 이번에는 우즈베키스탄 비즈니스 비자가 기다리고 있다. 비자를 연장해야 하는 상황인데 서둘러야 겨우 할 수 있다. 뭐 하나 제대로 이루어지지 않는 곳에서 나는 걷고 있다.

치르치크에 사는 라야의 언니 스비에타 가족 말대로 많고 많은 나라 중에 이토록 불편하고 살기도 점점 어려워지는 중앙아시아에 왜 배낭여행을 왔는지 도무지 이해가 가지 않는다고 했는데, 현실에서는 더 복잡하다.

명차 중의
명차들

세르겔리 바자르, 즉 중고 자동차 시장을 한 바퀴 돌아보았다. 유럽의 최신형 고급 차량부터 고물상이나 자동차박물관에 있어야 할 옛 소련 시대 차들이 시장 안은 물론이고 길가에 줄을 서 있다.

나는 옛 소련제 차뿐만 아니라 올드카에 눈길이 간다. 지금도 흔히 볼 수 있는 30~40년 된 국민차 '라다'와 '지굴리'는 거의 백만 킬로미터는 달렸다. 라다와 지굴리는 옛 소련 위성국가였던 동유럽과 심지어는 쿠바에도 널리 퍼져 있다. 그곳 나라들을 여행할 때 내 눈으로 직접 확인했다.

한국에서는 이런 차들이 화젯거리가 되겠지만 여기서는 어림없는 얘기다. 옛 소련 시대의 명차들은 대부분 1950년대식이며 제2차 세계대전 이전 차들도 있다.

옛 소련 시절 유명했던 '모스코비치'는 독일의 딱정벌레 차와 비슷한 모양이다. 당시 정부에서 특별히 인정한 공산당원들만 탈 수 있었던 모스코비치는 1954년식이 5천 달러에 거래된다. 그 이후에 나온 '승리'라는 뜻을 가진 '뽀베다'는 일반 사람들이 좀처럼 타기 어려운 차였다.

뽀베다의 차량 두께는 웬만한 탱크 못지않아 만에 하나 사고가 난다면 일반 차량은 휴지 조각이 되지만 이 차는 전혀 이상이 없을 만큼 안전하다.

그리고 각 공화국의 최고 공산당 서기장들만 타고 다녔다는 7명이 탈 수 있는 옛 소련제 럭셔리 세단 리무진 '질'은 아찔할 정도의 스피드를 자랑해, 출발할 때 그 옆의 차가 뒤집힐 만큼 지금의 스포츠카 못지않은 강력한 스피드를 자랑한다. 또 그때 차로선 생각하기 힘든 오토매틱이었다고 하니 놀라울 수밖에 없다.

'질'은 지금도 명차 중의 명차로 꼽힌다.

여유가 있다면 한 대 갖고 싶은 차들이다.

여행은 자신도 모르는 곳으로 빠져드는 것인가!

앞으로 여행하고자 하는 공화국들의 비자 값이 엄청나다. 장맛비에 봇물 터지듯 주머니에서 달러가 새어 나갔다.

카자흐스탄 3개월 트리플 비즈니스 비자
키르기스스탄 37일 더블 관광 비자
우즈베키스탄 45일 더블 비즈니스 비자와 바우처, 한 달 비자를 두 번 연장
타지키스탄 당일 초특급 한 달 관광 비자
너무 비싸고 종잡을 수 없는 투르크메니스탄 10일짜리 비자
그루지야와 아제르바이잔 3개월 더블 관광 비자
아르메니아 한 달 관광 비자

모두 합쳐 약 1,500달러다. 무비자로 입국하는 나라들이 점점 늘어가는 세상인데, 옛 소련 국가들은 하나같이 비자 값이 하늘 높은 줄 모른다. 그동안 옛 소련 열다섯 공화국 연방을 여행하면서 비자 값만 일이천만 원은 넘을 것이다.

특히 비즈니스 비자는 더 비싸고 힘들고 연장하는 것도 까다롭다. 생떼를 써도 방법이 없다. 그렇다고 별 뾰족한 수도 없다.

매번 이곳들을 여행할 때마다 비자 비용 때문에 옥신각신한다. 그러면서도 배낭을 짊어지고 떠날 때면 자석에 이끌리듯 다시 옛 소련으로 발길을 옮기게 되니 이상한 일이다.

그 무엇인가가 이곳으로 나를 다시 잡아끄는 것 같다.

여행은 결국 모르는 곳으로 빠져드는 것일지도 모른다.

아제르바이잔 대사관을 찾았다. 비자 업무는 오전 10시부터 12시까지인데, 한 시간을 기다려서 만난 영사는 친절하게 비자 접수를 받아 주고 3일 후에 다시 오라고 한다.

이어서 그루지야 대사관을 찾았다. 오전 11시부터 오후 1시까지 비자 업무를 보는데, 두 번이나 찾아갔지만 영사를 만나지 못했다. 여직원에게 비자 신청을 해 놓고 나중에 찾으러 오겠다고 하자 미소를 지으며 업무실로 안내해 준다.

내가 신청서를 작성하는 동안 영사에게 전화를 한다. 오후 5시에 들어올 테니 그 시간에 다시 오면 비자를 발급해 주겠다고 한다. 친절한 이 여직원의 이름은 알피아다.

그 틈을 이용해 우즈베키스탄 비자를 한 달간 연장하기 위해 막심 고리키에 있는 두 평 남짓한 우즈 인 투어 여행사에 가서 바우처를 구입했다. 여직원 두 명이 있는데 언니인 듯한 여인은 어찌나 목소리가 큰지 복도가 쩌렁쩌렁 울린다. 또 한 여인은 입고 있는 쫄바지가 레깅스인지 스타킹인지 구분하기 어려울 만큼 딱 붙어 내가 민망할 정도였다.

다시 그루지야 대사관을 찾았다. 오늘 세 번째 방문하는 나를 경비원들도 제지하지 않는다. 오늘부터 시작해 역으로 계산하여 90일 여행할 수 있다는 재미있는 비자 계산 방식이다.

그루지야에서 육로를 통해 다른 공화국으로 가는 길을 묻자 조목조목 설명해 주었다. 특히 그루지야와 내전 중인 압하지야와 잉구세티야 지역을 여행할 때는 특별히 조심하라는 당부까지 하며 멋진 여행을 하기 바란다는 말로 끝을 맺는다.

여행하려는 각 공화국 비자가 조금씩 정리되어 가지만 앞일을 예측할 수 없는 곳이라 두고 볼 일이다. 가장 골칫덩어리인 투르크메니스탄 초청장이 2주 정도 걸릴 텐데 꼼짝없이 묶여 있어야 한다.

뒤엉켜 살아가는 삶 속에 편안함이

우즈베키스탄에서 가끔 혼란스러울 때가 있다. 천연가스가 풍부한 이 나라 주택에는 당연히 가스가 공급되는데 연결된 파이프는 낡아 너무 불안해 보인다. 그런 까닭에 20~30% 정도 가스가 새고 있다고 한다. 하지만 이 때문에 화재가 났다는 뉴스를 들어본 적은 없다.

자동차도 마찬가지다. 그 많은 자동차에서 가스가 새고 있는데 폭발했다는 소식을 들어본 적이 없다. 거리 주유소에서 가스를 주입하는 것을 보면 기가 막힌다.

헷갈리는 것이 한두 가지가 아니다. 이렇게 뒤죽박죽 뒤엉켜 살아가는 삶 속에 편안함이 있는지 모르겠다.

우리나라는 결혼할 때 양가에서 따지는 것이 너무 많다. 학력, 외모, 경제력, 배경 등 많은 것들을 알아본 다음에 결혼한다. 그런데 우즈베키스탄에서는 단 한 가지 조건만 있다. 바로 사랑이다. 학력이 떨어져도, 외모가 못생겨도, 돈이 부족해도 오로지 사랑만 있으면 이들은 결혼한다. 그렇지만 사랑하지 않으면 바로 헤어진다.

오후에 알라이스키 바자르를 구경했다. 이 시장에는 민물고기와 바닷고기가 많다. 흔한 양고기에 비하면 생선은 매우 비싼 편이다. 새우 500g에 45달러, 생선 1kg에 15달러 전후이니 만만한 가격이 아니다. 바다가 없는 우즈베키스탄에서는 당연한 것인지도 모른다.

생선을 좋아하는 나는 한 바퀴 돌고 나면 보는 것만으로도 배가 부르다. 특히 소시지와 치즈는 늘 풍성하다. 신선한 생선과 수박만 한 치즈, 팔뚝만 한 소시지까지 먹을거리는 부족함이 없다.

타슈켄트 시내를 천천히 산책했다. 뒷골목이나 벼룩시장을 돌아보는 재미도 쏠쏠하다. 손때 묻은 엽서와 우표, 낡은 타자기, 시계, 카메라, 박물관에서나 볼 수 있는 고서들이 즐비하다. 손때 묻은 것들에는 무슨 사연이 숨어 있는 것 같아서 궁금하기도 하고 정겹기도 하다. 옛 소련이 해체된 지 얼마 되지 않았지만 벼룩시장에 나와 있는 것들은 150년이나 그 이상의 세월을 산 것들이 많다.

계속 발목을 잡고 있는 투르크메니스탄 비자를 다시 확인했다. 초청장을 받는 데 10여 일, 외무부에서 비자를 발급받는 데 2~3일 걸린다는 확답을 받았다. 그 사이 타슈켄트에 머물러 있기보다는 우즈베키스탄 서부를 다녀오기로 마음먹었다. 며칠 후 다시 돌아오기 때문에 불필요한 짐은 놔두고 떠난다.

배낭이 훨씬 가벼워졌다. 떠나는 마음도 배낭만큼 가볍다. 사는 일도 그럴지 모른다. 손에 아무것도 쥐지 않고 거의 10년을 떠돌고 있다. 언젠가는 머물겠지만 아직은 떠도는 내 모습이 좋다.

고향 같은 타슈켄트에서 20일 넘게 머물다가 내일 가볍게 떠난다.

아홉 번의 검문검색을 받으며 사마르칸트에

오전 10시 타슈켄트를 출발하여 오후 3시 30분 사마르칸트에 도착했다. 버스를 타고 310km를 5시간 30분 동안 달려오면서 아홉 번의 검문검색을 받았다. 평균 35km마다 검문을 받은 셈이다. 좀 심하다. 그중 한 번은 배낭 속까지 샅샅이 검문을 당했다.

버스기사가 배려해 준 특별석이라던 운전석 바로 뒷자리는 바닥에서 뜨거운 바람이 불어와 발바닥에 불이 났다. 그렇지만 창밖에 노란 얼굴을 드러낸 해바라기와 옥수수밭이 지루함을 달래준다.

옛 시가지의 수많은 모스크와 마드라사는 옛 소비에트 건물과는 매우 대조적이다. 골목골목 뛰어노는 아이들의 맑고 깨끗한 눈동자에서 따스함이 느껴진다.

내가 묵고 있는 호텔은 개인 집을 개조한 2층짜리 전원주택이다. 방도 4개가 전부인 이 호텔 이름이 재미있다. 1층의 아기자기한 뜰에는 꽃과 포도와 사과나무, 포플러나무, 감나무가 잘 정리되어 있다. 주인의 정성이 느껴진다. 시원한 수박과 정원에서 막 따 온 포도와 사과를 먹으라며 탁자 위에 놓고 간다. 사마르칸트의 아름다움을 주인이 대신한다.

▲ 사마르칸트 티무르 동상 ▼ 사마라칸트 레지스탄 광장

방 안의 재미있게 생긴 난로와 그 옆의 장미 한 송이가 분위기를 북돋아 준다. 큰 침대에 누우면 진흙으로 만든 창문 사이로 하늘이 손안에 잡힐 듯하다. 아주 옛날 카라반들이 머물던 숙소에 와 있는 착각이 든다.

제2 도시인 사마르칸트는 로마와 같이 유서가 깊다. 타슈켄트보다 역사가 500년이나 앞선다. 알렉산더대 왕과 칭기즈칸, 티무르 등 이 땅을 지배했던 정복자들의 발굽 아래 성장하여 다양한 풍습이 남아 있다.

티무르 제국의 수도였던 사마르칸트는 소그드어로 '돌요새 또는 바위 도시'라고 하며, 몽골어로는 '밤바위 또는 딱딱한 바위'라고도 하는데, 사마르칸트를 건설한 티무르가 푸른색을 좋아해 시 전체가 푸른색을 띠고 있다.

중앙아시아 다섯 공화국의 이름이나 수도 그리고 지방 도시의 의미를 거슬러 올라가면 몽골어, 소그드어, 페르시아어, 산스크리트어, 그리스어 등 옛 실크로드의 중심지답게 그 시절에 사용하던 언어의 뜻으로 된 지명이 많아 이해하기 어려울 때가 많다.

중심지에서 20~30분 걸어가면 옛 사마르칸트가 나온다. 아프라시아브 언덕이다. 칭기즈칸이 살아 숨 쉬는 것은 모두 없애 버렸다는 과거 사마르칸트의 중심지 아프라시아브다.

지금의 아프라시아브는 무성하게 풀만 자라 있다. 번성했던 과거의 역사를 아프라시아브는 말없이 지켜보고 있다.

사마르칸트 구르아무르

사마르칸트에서
알리와 딜라를 다시 만나

가까운 친구 알리와 딜라에게 전화를 했다. 사마르칸트가 고향인 이 부부는 내가 한국에서 만난 우즈베키스탄 사람 중 가장 순수하다. 이들이 일하던 공장에서 3개월 치 월급을 못 받고 불법 체류자가 될 상황이 되었을 때, 외국인노동자센터에 근무하는 후배의 도움으로 월급을 모두 받아 주었다. 내 손을 잡고 식당으로 달려가 삼겹살과 소주를 한잔하고 헤어진 알리와 딜라를 사마르칸트에서 다시 만났다.

알리 부부와 함께 양고기 바비큐 식당에 갔다. 사마르칸트에서 우루굿 방향으로 한 시간 정도 꼬물꼬물 산길을 달려가면 키토프라는 곳이 나오고, 깊은 산속에 우즈베키스탄 전통 양고기 바비큐 식당 아마쿤탕이 있다.

양 한 마리를 통째로 배를 갈라 그 안에 벌겋게 달아오른 돌을 넣어 실로 꿰매 땅속에 묻어 익힌 다음 보드카와 함께 먹는다. 시원한 바람과 반짝이는 별들이 쏟아지는 계곡에서 먹는 양고기 바비큐 맛은 정말 일품이다. 신장 투루판에서 내 생일 날 외국 여행자들과 밤새워 먹던 그 맛이다.

알리는 보드카를 한 잔도 못하는데 딜라는 연신 건배를 한다. 지금은 미국 뉴욕 주 브루클린에 머물고 있는 이들은 언제 어디서 만나도 형제 같다.

유서 깊은 사마르칸트처럼 이곳에 뿌리를 둔 친구가 여럿 있다. 러시아 사람이나 우즈베키스탄 사람이나 카자흐스탄 사람이나 가까이 지내는 친구들이다. 그러다 보니 사마르칸트도 내 집 같다. 중앙아시아를 비롯해 옛 소련 여러 지방에는 그립고 반가운 친구들이 계속해서 나를 부르고 있다.

과거로 돌아간 도시
부하라

눈빛이 부드러운 우즈베키스탄 부부가 정성껏 마련해 준 아침 식사는 호텔 이름만큼 정성이 가득하다. 호텔을 나설 때는 세계 각국 여행자들이 남긴 비망록을 꺼내어 나에게도 짧은 글을 부탁했다. 그리고 다시 사마르칸트에 오면 꼭 들르라며 대문까지 배웅해 준다.

이들의 고마운 마음을 배낭에 담아 부하라로 향한다. 부하라로 출발한 버스는 영화 〈스피드〉의 고장난 브레이크처럼 무자비하게 달린다. 그리고 버스 지붕이 날아갈 정도로 음악을 쾅쾅 틀어 놓았다. 손님들이 잠을 자든 말든 무신경이다.

약 290km를 무아지경으로 달려왔다. 검문검색도 부하라와 나보이 양쪽 경계선에서 다행히 겨우 네 차례에 그쳤다.

버스를 타고 달려온 부하라는 과거로 돌아간 도시다. 21세기가 아닌 1천 년 전 과거로 온 것이다. 경주 불국사와 같은 라비하우스가 절정을 이룬다. 온 도시에 진흙으로 만든 모스크와 마드라사 그리고 거대한 고목나무 사이로 슬프면서도 흐느적거리는 노래가 울려 퍼진다.

부하라 시토라이 모이 호자 박물관

중앙아시아를 여행하면서 늘 나의 눈을 사로잡았던 아름다운 여인들의 모습은 부하라에서는 더 이상 용납되지 않는다.

사마르칸트와 더불어 우즈베키스탄 실크로드의 중심지 부하라는 언제 찾아와도 경이로움과 신비로움을 간직하고 있다. 오후에는 '별과 달'이라는 예쁜 뜻을 가진 시토라이 모이 호자 박물관에도 들렀다.

게스트하우스 창문에서 야외 카페가 정면으로 보인다. 머리가 희끗희끗한 한 무리의 유럽 여행자들이 맥주를 마시며 앉아 있다. 나이 들어도 웃는 모습은 맑다. 조금 전 내가 앉아 있던 그 자리다.

모스크와 마드라사로 뒤덮인 천 년 도시

산스크리트어로 '수도원'이라는 뜻을 가진 부하라는 도시 박물관이란 표현이 어울린다. 실크로드 오아시스의 중심지인 이곳은 10세기 무렵에는 예술과 과학의 극치를 이루었다. 그리고 1536년에 세워진 중앙아시아 유일의 이슬람 신학교인 미르 아랍 마드라사는 지금도 학생들을 가르치고 있다.

이른 아침에 나를 깨운 것은 우즈베키스탄의 전통 노랫가락이다. 신시가지에는 종합운동장과 레닌 거리, 10월혁명과 40주년 거리가 나무들에 둘러싸여 있다. 구시가지는 시간을 멈추고 과거로 돌아간 마을이다.

1천 년의 역사에 걸쳐 있는 이곳은 모스크와 마드라사가 전부다. 갈색 벽돌 건물들이 하늘을 뒤덮고 있다. 이 갈색 건물들을 보고 있으면 현기증이 날 만큼 아찔하다.

흐르는 시간을 느끼지 못하고 있다. 고장난 시계를 차고 돌아다닌 것이 분명하다. 라비하우스를 중심으로 갈색 집들이 촘촘히 박혀 있다. 오전에만 문을 여는 질료이 바자르와 멋진 돔으로 이루어진 콜호스 바자르, 아르끄 등을 돌아보려면 뛰어다녀도 하루로는 부족하다. 허벅지가 마비될

정도로 종일 걸어 다녔지만 그래도 또 걷고 싶다.

희귀하게 생긴 모스크나 마드라사 앞에서 사진을 찍거나 샤슬릭을 먹으며 투르크메니스탄의 실크 카펫을 흉내 낸 카펫을 구경하고, 터무니없이 비싼 카라반의 그림을 보면서 시간을 보내고 싶다면 지루할 수도 있다.

부하라 차시마 아윱 모슬림

여러 광장에서는 기념품 가게들이 여행자들을 현혹시키고 있다. 그들은 수제품이라고 하지만 기계로 찍어 놓은 듯한 똑같은 기념품은 부하라의 모습을 값싸게 만들어 버린다.

그런 가운데 라비하우스는 내부 장식을 멋지게 해 놓았다. 한낮의 부하라와 한밤의 부하라가 멋진 조화를 이루는 곳, 부하라는 흑백 사진이다.

부하라에 오면 생각나는 동생이 있다. 이곳이 고향인 할렘이다.

한국에서 일하던 외국인 노동자 할렘은 선천적으로 몸이 나약했다. 그는 동료 근로자들의 잔심부름을 하며 한국 생활을 하고 있었다. 너무 아프고 고통스러워하던 그를 외국인노동자센터의 도움으로 병을 고쳐 주려고 했다. 그런데 그만 할렘과 소식이 끊겼다. 만일 그가 부하라에 있다면 사마르칸트의 알리와 딜라처럼 맨발로 뛰어나왔을 것이다.

부하라는 이렇게 나에게 또 다른 인연의 연속이다.

히바는 도시가 아니라 성이다

중앙아시아를 여행하면서 까다로운 검문검색을 한두 번 당한 것이 아니지만, 부하라에서 히바까지의 검문도 보통이 아니었다. 공화국과 공화국 간의 국경선을 넘는 것보다 더 심했다.

약 450km 내내 검문검색만 받다가 히바에 도착했다. 열다섯 번도 넘게 배낭을 들었다 놨다 했다. 물론 우즈베키스탄 서부를 여행하고 반대로 타슈켄트로 들어갈 때의 검문은 짜증을 넘어 화가 치밀 정도로 검문을 할 것이다.

어제는 부하라에서 늦게 출발하여 밤 11시경 히바에 도착해 오전까지 늦잠을 자고 싶은데 새들의 합창 소리 때문에 잠을 잘 수가 없었다. 침대 바로 위에 있는 창문 너머 손에 잡힐 듯한 빨랫줄 위에 앉아 지지배배 합창을 하는데 도무지 누워 있을 수가 없었다.

히바는 하나의 도시라기보다는 성이라고 해야 어울린다. 부하라와 마찬가지로 무수히 많은 모스크와 마드라사보다는 머리가 희끗희끗하고 지팡이를 짚은 할아버지 할머니들이 안내인의 설명을 들으며 진지하게 메모하는 모습이 더 감명 깊다.

대개 유럽에서 온 노인들은 마치 선생님을 따라다니는 유치원생 같다. 인생의 황혼기를 멋지게 살아가고 있다는 생각이 든다.

다른 쪽에서는 지금 막 인생을 새롭게 시작하는 사람들도 많다. 결혼식을 끝내고 히바성을 한 바퀴 돌며 축복을 받고 있는 신랑 신부들이 하객들과 함께 춤을 추며 걷는 모습은 또 다른 볼거리다.

히바와 부하라가 외국인 여행자에게 자랑하는 카펫은 투르크메니스탄 것을 모방해서 만든 것도 있다. 모방한 카펫이 여행자에게 팔리는 가운데 대단한 자긍심을 가지고 카펫을 만드는 수공업 공장도 있다. 2~3m 되는 카펫을 여직공 셋이서 실오라기를 하나하나 이어가며 3개월에 걸쳐 만든다. 워낙 정성이 많이 들어 양도 많지 않고 가격도 만만치 않다.

자그마한 히바성에서 벌어들이는 돈으로 히바 도시 전체 살림을 한다. 외국인 여행자들은 입장료와 카메라 사용료를 내고 들어가지만, 내국인들은 언제든 마음대로 드나든다. 외국인과 내국인의 이중 가격제 입장료는 20배 차이가 난다.

2001년 아프가니스탄전쟁이 일어나면서 우즈베키스탄의 공군기지를 사용하는 대가로 미국으로부터 엄청난 돈을 받았는데, 지금은 정치적으로 불리해지자 다시 러시아에 다가서면서 공군기지를 철수시킨 우즈베키스탄이다.

바자르 한쪽에 있는 조촐한 식당에서 점심을 먹는데 중년 여성이 사발에다 보드카를 따라 준다. 테르메스에서도 사발에 보드카를 마셨는데, 그 여성의 테이블에는 벌써 보드카가 세 병이나 비워져 있다. 이른 아침부터 보드카를 마시는 것이 일상화된 이들이야 별것 아니지만, 따라 준 보드카를 서너 사발 마시고 나니 어지럽다.

히바성 안 멋진 레스토랑에서 우즈베키스탄 전통춤을 보며 저녁 식사를 했다. 바로 옆 테이블에 근사해 보이는 우즈베키스탄 신사들이 식사를 하면서 공연을 보는데 이상한 것이 하나 있었다. 동양인 남자가 그들 중 우두머리 같은 사람의 통역을 하는 모습이 눈에 들어왔다.

선뜻 이해를 할 수 없었는데 보드카를 건네는 그들과 인사를 나누면서 알게 되었다. 그는 일본인 동시통역사였다. 우즈베크어와 러시아어 그리고 영어까지 거의 완벽하게 구사한다는 그는 대학을 졸업하고 히바로 유학 와서 여기에 살고 있다고 한다. 바로 일본이 자랑하는 전 세계에 퍼져 있는 지역 전문가 중 한 사람이다.

이런 모습은 일본이 우리보다 한참 앞서가고 있다. 중앙아시아를 여행하면서 이곳저곳에서 확인한 사실이다.

2001년 미국이 처음 아프가니스탄을 침공할 당시 아프가니스탄은 아프가니스탄 페르시아어, 파슈툰어, 하자라어, 다리어뿐만 아니라 우즈베크어와 튀르크어 등 다양한 소수 언어가 사용되었는데, 특히 대표적인 파슈툰어와 다리어를 전공한 미국인이 없어 상당한 어려움을 겪었다. 우리나라도 전 세계 알려지지 않은 구석구석에 미래를 책임질 젊은 역군들을 키워나가야 한다. 더 늦기 전에 말이다. 용기 있는 젊은이들의 발길이 끊임없이 이어졌으면 하는 생각이 든다.

MUSEUM

카라칼파크 자치공화국 수도 누쿠스

우르겐치와 붸루니를 지나 카라칼파크의 누쿠스에 도착했다. 붸루니는 아주 조용한 시골 마을이다. 오래된 마을에 어울리는 오래된 풍경들은 우리나라에선 오래전에 사라진 것들이다.

하얀 눈이 잔뜩 쌓인 듯 새하얀 들녘은 목화밭 정경이다.

들어가 있으면 아무도 찾지 못할 정도로 키가 큰 밀밭도 사라진 지 오래다.

누쿠스는 사마르칸트와 부하라 그리고 히바와는 다른 색채를 띠고 있다. 도시 전체가 공원이며, 전형적인 소비에트 도시답게 넓은 도로와 낮은 아파트가 듬성듬성 있다. 누쿠스의 거대한 타슈켄트 호텔은 밤이 되어도 불이 켜지지 않는다. 15달러를 10달러로 깎아 주겠다는 어두침침한 호텔을 뒤로 하고 발길을 돌렸다.

한산한 거리 모습은 카자흐스탄의 카스피해 서쪽 도시 악타우와 닮았다. 신호등을 정확하게 지키는 모습은 신장의 쿠얼러와 비슷하다. 가로수들이 단정하게 서 있어 편안한 느낌을 더한다.

배낭을 풀어 놓은 누쿠스 호텔 앞 대형 홀에서는 결혼식 파티가 한창이다. 누쿠스 전체가 떠나갈 듯 음악을 크게 틀어 놓고 막 결혼식을 끝낸 신부가 웨딩드레스를 입고 담배를 물고 춤을 춘다. 우리나라에서는 볼 수 없는 광경이다.

여기가 바로 멀고도 가까운 나라 우즈베키스탄이다. 고려인들이 많이 살고 있는 카라칼파크 자치공화국의 수도 누쿠스다.

피로연이 밤새도록 벌어질 텐데 오늘 밤 잠은 다 잤다. 회색빛 도시에 해가 떨어지면 어디서 저런 흥이 솟아나는지 의아하다.

누쿠스 호텔 1층 레스토랑에서 느긋하게 아침 식사를 했다. 옆 테이블에 앉은 세 중년 여성은 해가 떠오르기도 전에 이미 보드카 한 병을 깨끗이 비우고 새로 시작하는 분위기다. 중앙아시아의 대도시든 시골이든 흔하게 볼 수 있는 광경이다.

그들은 보드카로 시작해서 보드카로 하루를 마무리한다. 중앙아시아를 여행하면서 나 또한 보드카 실력이 한층 무르익었다.

카날 케르겍켄강이 누쿠스를 가로질러 흐른다. 어린아이부터 할아버지까지 직접 만든 낚싯대를 가지고 하루 종일 고기를 낚는데, 아무리 눈을 씻고 봐도 잡아올린 물고기는 보이지 않는다. 누쿠스 시내에서 4~5km를 벗어나면 그 유명한 아무다리야강이 나온다.

세계 배낭여행자들의 바이블이라 일컫는 론리플래닛 책자에 '놀랍다'는 표현까지 써가며 극구 칭찬했던 누쿠스의 한국 카페는 사라지고, 그 자리에 쉐라톤 클럽이 들어서 있다. 빠르게 변하는 세상에 느릿느릿 걷는 나는 세상에 한참 뒤처진 듯하다.

▲ 누쿠스 박물관 ▼ 누쿠스 음악 홀

누쿠스를 사랑하는 트랜스젠더

누쿠스에는 의외로 러시아 사람들이 많다. 이곳이 타지키스탄 두샨베와 러시아 아스트라한을 오가는 국제열차의 중간기지 역할을 하고 있기 때문이다. 사실 타슈켄트보다 이곳에서 러시아로 들어가기가 훨씬 수월하다.

얼마 전 두샨베를 여행하면서 이 국제열차를 타고 누쿠스로 곧바로 올 수도 있지만, 외국인 여행자한테는 어림도 없다. 번거롭지만 돌아서 올 수밖에 없다.

두샨베에서 누쿠스로 기차를 타고 오려면 투르크메니스탄과 우즈베키스탄 영토를 지나야 한다. 비자를 미리 준비하지 않으면 수단과 방법을 다 동원해도 상상에 그칠 뿐이다.

누쿠스 호텔 로비에서 성전환 수술을 한 트랜스젠더를 만났다. 뉴욕이나 파리, 런던은커녕 알마티나 타슈켄트도 아니고 우즈베키스탄 서쪽 누쿠스에서 말이다. 그동안 중앙아시아를 여행하면서 이런 경험은 처음이다. 2년 전 남성에서 여성으로 성전환 수술을 받은 이 여성의 발목과 손목은 웬만한 남성들은 비교도 되지 않을 만큼 징그럽게 굵다.

하지만 영어는 기가 막히다. 어디서 배웠는지 한국말도 몇 마디 하더니 내가 자리에서 일어날 때까지 계속 말을 걸어왔다. 비행기를 탈 때까지 좀 쉬려고 호텔 로비에 앉았는데 피곤이 겹친다.

미국이나 유럽, 심지어는 일본이나 한국도 좋아하지 않는다는 이 여성은 우즈베키스탄에서도 누쿠스만을 사랑한다며 입을 닫을 줄 모른다. 누쿠스 자랑이 이만저만이 아니다.

누쿠스에서 타슈켄트로 가는 비행기는 하루에 두 번, 오전 7시와 오후 7시 40분에 있다. 누쿠스 공항에서 잠시 기다리는 시간도 재미있다. 공항 대기실은 마중 나온 사람들이 사 온 꽃다발로 단풍이 든 것처럼 울긋불긋하다. 국내선인데도 언제 다시 만날지 모를 사람처럼 꽃 풍년이다.

기장은 팔뚝만 한 물고기를 비닐봉지에 담아가고, 스튜어디스는 울려 퍼지는 음악 소리에 맞춰 춤을 추며 연신 담배를 피워 댄다. 이만큼 사람들이 살아서 움직이는 재미있는 공항도 없을 것이다. 지금까지 여행하면서 이렇게 흥미로운 공항을 만나지 못했다.

오후 비행기를 타고 타슈켄트로 돌아오면서 다시 한 번 우즈베키스탄의 면모를 경험했다. 부하라에서 비행기를 타고 570km 떨어진 타슈켄트에 갈 땐 1시간 걸렸는데, 1,100km 떨어진 누쿠스에서 타슈켄트까지 1시간 20분밖에 걸리지 않았다.

총알 택시는 수도 없이 경험했어도 총알 비행기는 난생처음이다. 이뿐만 아니라 손님이 다 찼다고 비행기 이륙 시간 30분 전에 출발하는 것은 어느 나라 방식인지 알다가도 모를 일이다.

비행기 연착은 들어봤어도 시간과 관계없이 일찍 출발하는 것은 아마 우즈베키스탄이니까 가능할 것이다. 아무튼 승객 인원만 확인하고 30분 일찍 출발했다.

바로 아래 나라 투르크메니스탄을 닮아 가는 것 같다.

10일짜리 비자 값이 626달러

희비가 엇갈리는 가운데 투르크메니스탄 비자를 받아냈다. 초청장을 만드는 데 100달러를 지불하고, 투르크메니스탄을 육로로 동서를 가로질러 카스피해에 위치한 투르크멘바시 항구에서 아제르바이잔 바쿠로 갈 수 있는 가장 짧은 10일짜리 비자를 받는 데 또다시 475달러를 지불했다. 기쁘기도 하고 억울하기도 하다.

옛 소련 시절과 마찬가지로 외국인 여행자들을 최대한 어렵게 한다. 일거수일투족을 감시하는 악법을 얼마 전에 새로 부활하여 투르크메니스탄에 발을 딛는 순간부터 안내인 없이는 한 발자국도 움직이지 못하게 했다.

10일간 투르크메니스탄을 여행하는 동안 바우처로 지정된 호텔에서 잠을 자야 하는 일명 '인투리스트' 제도다. 그리고 바우처에 등록하지 않은 여행을 할 경우에는 허락을 받아야 하고, 또한 안내인에게 별도의 비용도 지불해야 한다.

어렵사리 초청장을 받아 투르크메니스탄 대사관을 찾았다. 독재 국가답게 대사와 그의 차를 운전하는 기사 그리고 영사까지 마피아 같다. 하나같이 거구에 짧은 깍두기 머리 모양에 걸음걸이도 팔자걸음이다.

초청장을 가지고 비자를 신청하면 빨라야 3~4일 걸린다기에 밑져야 본전이라는 생각에 "내일 받을 수 없습니까?" 하고 묻자, 영사가 나를 아래위로 힐끗 쳐다보고는 오후에 오라고 한다. 역시 마피아 말투다.

"정확히 오후 5시에 오라"는 영사의 말에 근처에서 식사를 하고 대사관 앞에서 기다렸다. 10일짜리 비자 비용이 51달러라는 영사의 말이 떨어지기가 무섭게 얼른 테이블 위에 올려놓자 군말 없이 비자를 내주고는 여권을 건넨다. 한마디 말도 없다.

그러니까 10일짜리 투르크메니스탄 비자를 받는 데 626달러가 들었다.

미래의 꿈을 심어 주는 세종한글학교

투르크메니스탄을 육로로 입국하기 위해 돌아오는 금요일 저녁 부하라로 출발하는 야간 기차표를 예매했다. 저녁 8시에 출발해 12시간을 달려 다음 날 아침 8시에 부하라에 도착한다. 부하라의 알라트와 투르크메니스탄의 투르크메나밧까지 이동해서 국경선을 넘어야 한다.

그동안 찍은 필름이 50통이 넘는다. 거의 2천 장에 가까운 사진이다. 현상소에 들러 인화를 해 달라고 하자 여직원은 전혀 반가운 기색이 없다. 일을 하나 안 하나 월급은 똑같은데 이렇게 많은 필름을 한꺼번에 맡기니 은근히 짜증이 나는 모양이다. 그리고 이곳에서는 필름을 아무리 많이 맡겨도 서비스는 전혀 없다. 서비스는커녕 현상소가 있어서 필름을 인화할 수 있으니 오히려 감사하라는 식이다. 전형적인 옛 소련 방식이다.

나는 가능하면 현지에서 인화한다. 여행하면서 지나온 자리를 사진으로 보는 재미도 큰 즐거움이다. 욕심을 부려 사진을 찍지도 않는다. 훗날 개인적인 기록이 될 것 같아서 담아 둔다. 소박하게 살아가는 사람들의 모습을 그대로 담아 둔다.

어제 저녁 식사를 함께한 세종한글학교 허선행 교장 선생님과 오늘 점심도 같이 했다. 세종한글학교에서는 350여 명의 학생이 한글을 배우는데, 열정이 대단하다. 대부분 고려인이지만 러시아인과 우즈베크인 학생들도 초급, 중급, 고급으로 나누어 한글을 배우는 데 일 년이 걸린다.

고등학생부터 대학생까지 미래의 꿈을 키우며 공부하는 진지한 모습을 보니 마음이 따스하다. 그리고 어려운 여건 속에서 우리 한글을 가르치고 있는 허선행 교장 선생님께 감사와 격려의 박수를 보낸다.

이러한 모습에서 한국과 우즈베키스탄과의 미래가 밝아질 것이라고 생각한다.

타슈켄트에서의 뜻깊은 만남

오늘 같은 날은 업무차 타슈켄트에 왔어도 이보다는 덜 바쁠 것이다. 타슈켄트에서 6년째 사업을 하며 우즈베키스탄 고려인들에게 특별한 관심을 갖고 있는 강필희 사장과 점심을 함께했다. 이분은 타슈켄트에 머물 때마다 반갑게 대해 주는 형님같이 든든한 선배다.

오후에는 우즈베키스탄에서 러시아로 국적을 바꿔 모스크바에 살고 있는 엘자가 며칠 전 타슈켄트에 왔다고 하여 만났다. 올봄 한국에서 만나고 반년 만에 다시 만나게 된 것이다. 그녀는 옛 소련과 한국을 오가며 사업을 하는 활동적인 여성이다. 이번에 헤어지면 훗날 아마 모스크바에서 만나게 될 것이다.

해가 저물 무렵 김도환 형을 1년 6개월 만에 만났다. 우즈베키스탄에서 사업을 시작한 지 4년이 되어 가는 이 형은 매우 긍정적인 생각을 갖고 있어 사업도 안정권에 접어들었다. 나보이 극장 앞 분수대에서 시원하게 뿜어져 나오는 물줄기처럼, 만나고 나니 기분이 상쾌하다.

저녁에는 타슈켄트 국립동방학대학교 초대 한국어문학과 대학원 교수인 김춘식 형님과 식사를 했다. 이 형님은 반가운 동생이 왔다며 거금 15달러를 들여 저녁을 샀다. 한 달 봉급이 60달러인데 월급의 4분의 1을 들여 한 끼를 먹은 것이다. 여행이 무슨 고생이라고… 고맙고도 미안하다. 놀러 다니면서 밥까지 얻어먹으니 이만저만 미안한 것이 아니다.

늦은 저녁 시간에는 7년째 중앙아시아 전문 여행사를 운영하는 넥서스 성종환 아우와 보드카를 한잔하며 피로를 풀었다. 그리고 필름 50통을 인화한 사진을 먼저 한국으로 보내 달라고 부탁했다.

타슈켄트에 머물며 뜻깊은 만남의 시간을 가졌다. 모든 일은 사람과의 관계로 이루어지지만, 중앙아시아를 여러 차례 여행하면서 나도 모르게 폐를 끼치지는 않았는지 되돌아본다.

"사람은 다른 사람들을 통해 사람이 되어 간다"는 말을 되새겨 본다.

제6장

사막의 나라 투르크메니스탄

투르크메니스탄의 새로운 법

저녁 8시 타슈켄트 기차역을 출발해 내일 아침 7시 부하라 기차역에 도착하는 침대칸에 누워 있다. 내일 오전 10시까지는 투르크메니스탄 투르크메나밧 국경선을 넘어야 하므로 야간 기차를 타고 이동하고 있다.

여행의 참맛은 뭐니 뭐니 해도 기차 여행이다. 플랫폼에서 헤어지는 사람들의 모습은 공항이나 버스터미널에서보다 진한 향수가 있다. 회색빛이 깔린 침대칸에서는 옛 소련 사람들의 살아가는 모습을 엿볼 수 있고 그들의 애수를 느낄 수 있어 좋다.

기차 차창 너머로 손을 흔들고 있는 많은 사람들 속에 낯익은 얼굴이 서 있다. 누군가 차창 밖에서 바라보고 있다는 것이 마음을 뜨겁게 한다. 타슈켄트를 떠나는 기차 안에서 이런저런 생각도 함께 떠난다.

네 명이 타는 침대칸에서 꿀잠을 잤다. 부하라 기차역에 아침 7시 40분에 도착했으니 12시간 걸린 셈이다. 이곳에서 아침 8시 15분 알라트까지 운행하는 완행기차가 있지만 2시간이 걸린다. 오전 10시까지 도착해야 하는 나로서는 부하라 터미널로 이동해 미니버스를 타고 가도 서둘러야 한다.

부하라 기차역 앞에서 손님을 기다리는 택시가 20달러에 알라트 국경선까지 태워다 주겠다고 은근히 다가온다. 기차를 타면 0.5달러에 갈 수 있는데 40배를 더 부른다. 세 사람이 옥신각신 끝에 일인당 3.3달러씩, 10달러를 주기로 했다.

부하라 기차역에서 약 70km 떨어진 카라쿨까지 1시간, 다시 알라트 국경선까지 15km를 달려 9시 10분에 도착했다. 거의 100km 거리를 3.3달러에 달려왔으니 손해 보는 장사는 아니다.

우즈베키스탄 알라트와 투르크메니스탄 화랍 국경선은 중앙아시아에서 육로로 오가는 국경선 중 가장 길다. 양쪽 국경선은 4km 정도 되는데, 이곳은 특별히 허가된 여행사 버스만 들어갈 수 있고 통과는 안 된다. 개인 여행자는 우즈베키스탄 국경선에서 투르크메니스탄 국경선 쪽으로 걸어가야 한다.

카스피해를 넘어 중앙아시아 곳곳으로 오가는 터키와 중국의 대형 컨테이너들이 국경선을 가득 메우고 있다. 보이지 않을 만큼 길게 줄을 서서 기다리는 이 광경 또한 장관이다.

투르크메니스탄 화랍 국경선에서는 입국심사와 함께 거주지 등록도 받는다. 오전 9시 국경선을 개방해 오후 6시까지 입출국 업무를 보는데, 거의 24시간 개방하는 중앙아시아 곳곳의 국경선과는 분위기가 사뭇 다르다. 입국해서 호텔에 머물며 작성하는 거주지 등록도 미리 국경선에서 10달러를 내고 처리해 주니 이동하며 일일이 작성해야 하는 불편함도 없다. 10달러와 불편함을 교환한다.

또 입국할 때 갖고 있는 돈 액수와 귀중품 목록을 적고 확인하는 서류 심사도 여기서는 거들떠보지도 않는다. 중앙아시아에서 유일하게 전혀 문제가 되지 않는다. 새로운 법이다.

오전 10시 투르크메니스탄 화랍 국경선을 넘어야 하는 이유는 투르크메니스탄으로 입국하는 모든 외국인은 국경선에서 반드시 지정된 안내인의 안내를 받아야 하기 때문이다. 지금 이곳에는 사이다르가 나를 기다리고 있다.

그런데 생각지도 않은 문제가 발생했다. 나와 같은 시간에 두 명의 독일 여행자가 입국을 하기로 되어 있는데 보이지 않았다. 만일 사이다르가 기다리지 않고 그냥 가버리면 그들은 투르크메니스탄에 입국할 수 없다.

점심을 먹고 기다려도 나타나지 않았다. 당황해하는 사이다르에게 뭐라고 할 수도 없었다. 국경선 안으로 들어가 확인해 보라 하고 나는 점심을 먹던 카페로 다시 갔다. 언제 올지도 모르고 누군지도 모르는 독일 여행자를 기다리느라 맥주만 마셨다.

말이 카페지 다 허물어져 가는 컨테이너에서 국경선을 따라 유유히 흐르는 아무다리야강만 바라보며 지루함을 달랬다.

국경선이 닫힐 무렵 우즈베키스탄 국경선 쪽에서 외국인 여행자가 없다는 소식을 들은 시간이 오후 5시다. 오전 10시부터 오후 5시까지 기다렸으니 10일 비자 기간 중 하루를 날린 것이다. 금쪽같은 시간을 허공에 날려 버렸다. 이럴 때는 안내인이자 감시인인 사이다르도 할 말이 없는 모양이다.

화랍 국경선을 빠져나와 투르크메나밧으로 가는 길에 재미있는 광경이 벌어졌다. 지나가는 차를 세운 경찰들은 핸드 브레이크를 잠그더니 뒤에서 자동차를 밀어 움직이는지 확인하고 차 안에 소화기와 의약품 등을 검사하고는 보내 준다.

운전면허증만 확인하는 것이 아니고 자동차 정기 검사하듯 하나하나 점검한다. 투르크메니스탄의 운전면허 필기시험은 한 과목으로 '사파르무라트 아타예비치 니야조프 대통령 자서전'에 대해 무려 16시간이나 시험을 본다고 한다. 더 할 말이 없다.

외국인 여행자는 쳐다보지도 않고 내가 타고 있던 택시도 이런 절차를 거쳐 통과했다. 사이다르에게 이런 검사를 왜 하느냐고 물으니 '새로운 법'이라고 한마디 한다. 626달러를 주고 단 10일짜리 비자를 받았으니 충분히 이해할 만하다.

투르크메니스탄으로 입국하는 모든 외국인은 반드시 안내인이자 감시인이 따라붙어야 하는 것도 새로운 법이다. 외국 문화를 막고 영원히 독재정치를 하기 위해 외국인 관리청을 설치해 모든 외국인의 행동을 일거수일투족 감시하고 있다.

중앙아시아의 마지막 한 나라에서 또다시 야릇한 여행이 시작된다. 새로운 세계로 던져진 느낌이다.

어려움도 없고 불만도 없는 이유

거리에는 온통 사파르무라트 아타예비치 니야조프 대통령 동상과 국기만 나부낀다. 대통령 동상은 번쩍거리는 금빛으로 거리 곳곳에 세워져 있고, 관공서는 물론 슈퍼마켓이나 작은 상점에도 어김없이 커다란 대통령 사진이 붙어 있다. 문방구에 가면 각양각색의 대통령 사진을 살 수 있다. 지폐 마낫에도 대통령 사진이 큼지막하게 인쇄되어 있다. 그리고 시내 모든 아파트에는 언제나 대형 국기가 휘날리고 있으며, 자동차 번호판에도 국기가 그려져 있다.

이 나라 사람들은 종신 대통령인 사파르무라트 아타예비치 니야조프의 강력한 철권정치에도 대체로 만족하며 살아간다. 주변 공화국과는 달리 반란이나 테러와 데모가 발생하지 않는 이유는 물가가 엄청 저렴해서 살아가는 데 별 어려움이 없고 불만도 없다.

정말이지 물가는 상상을 초월하게 싸다. 휘발윳값이 1리터에 400마낫이다. 1달러가 24,000마낫이니 1달러면 60리터를 살 수 있다는 계산이다. 카스피해에서 퍼올리는 석유와 가스가 넘쳐난다 해도 경제학 이론으로는 계산이 되지 않는다.

버스와 공공요금도 모두 무료이고 세계에서 석윳값이 제일 저렴한 국가다. 이웃 공화국인 우즈베키스탄에서는 휘발유가 부족해 주유소를 닫고 정해진 시간에 휘발유를 파는 모습과는 사뭇 다르다. 국민들의 의식주를 편하게 해 주니 아무리 독재 정치를 해도 불만이 없다. 오히려 대통령이 최고라고 엄지손가락을 치켜세운다. 당연한 일인지 모른다.

투르크메니스탄에 발을 딛고 있는 나를 한 번 꼬집어 본다.

투르크메나밧에는 대형 바자르가 두 군데 있다. 중심가에서 좀 멀리 떨어져 있는 듀야 바자르와 질료이 바자르다. 중앙아시아 곳곳에 있는 질료이 바자르에는 고려인의 흔적이 남아 있다.

음식을 팔고 있는 고려인 2세 중에 우리말을 잘하는 할머니는 희미한 북한 사투리로 투르크메니스탄에 남아 있는 이유를 싼 물가 때문이라 했다. 몇 달러만 들고 시장에 가면 한 달 내내 먹고도 남을 만큼 식재료를 살 수 있어 걱정이 없다고 한다.

하지만 고려인들은 중앙아시아에서 점점 소수 민족이 되어 간다. 옛 소련이 해체되고 현재의 열다섯 공화국 연방을 비롯해 자치공화국의 자국주의가 팽창하면서 투르크메니스탄뿐만 아니라 중앙아시아 각 공화국에서도 고려인들이 제자리를 찾지 못하고 연해주로 다시 돌아갈 수밖에 없는 상황이다. 그렇다고 연해주 또한 고려인들의 삶터가 아니니 진퇴양난일 수밖에 없다.

러시아 연해주도 중앙아시아도 아닌 이들의 자리는 어디인가?

입만 열면 대통령 자랑

황량한 사막 위를 가로지르는 도로 위에 휴지 한 장 떨어져 있지 않은 곳.
국영농장인 소포즈와 집단농장 콜호즈가 가장 활성화된 곳.
중앙아시아에서 주택이 가장 깨끗하고 정리가 잘된 곳.
소수민족이 된 러시아 사람들도 여유 있고 행복하게 살아가는 곳.
연인들이 속삭이듯 너무도 조용한 곳.

이곳이 마리다. 물론 중앙아시아에서 으뜸가는 유적지가 있는 곳이다.
투르크메나밧에서 택시를 타고 3시간 30분 만에 도착했다. 택시 한 대에 4인 1조가 되어 한 사람당 5만 마낫, 2.1달러를 주고 220km를 달려온 것이니, 다시 한 번 저렴한 물가에 감탄하지 않을 수 없다.

고급 레스토랑에서 혼자 밤새도록 먹고 마셔도 10달러를 넘지 않는다. 이렇게 물가가 저렴하니 누구도 불평불만이 없다. 온 나라가 대통령 사진으로 도배를 하고도 모자라 타고 다니는 자동차에도 대통령 사진을 붙이고 다닌다. 그들은 입만 열면 대통령 자랑이다.

내가 묵고 있는 라핫 호텔은 소비에트식 ㅁ자형 건물로 낡았지만 시설은 무척 깨끗하다. 시내에서 2km 정도 떨어진 서부 시대의 외로운 농장 같은 이 호텔의 최고 명물은 다름 아닌 프런트에서 일하는 처녀 같은 할머니다.

뚱뚱하지만 초미니 스커트에다 가슴이 거의 다 보이는 라운드 티셔츠 그리고 언제나 담배를 입에 물고 뜨개질을 하는 이 할머니는 호텔의 무법자다. 피부 색깔만 까무잡잡했으면 시가를 물고 있는 쿠바나 자메이카 할머니로 착각했을 것이다.

사이다르가 감기 몸살에 걸려 꼼짝 못하게 되었다. 안내인 겸 감시인이 드러누워 있으니 안쓰럽기도 하지만 한편 어찌나 기분이 좋던지 날아갈 듯하다. 여행자인 나보다 감시자가 더 긴장했다. 혼자 마리 시내를 돌아보겠다고 하니 사이다르는 문제가 될 수 있다며 극구 말렸다. 만일 무슨 일이 생기면 안내인과 초청장을 발급해 준 여행사도 문제가 된단다.

호텔에서도 골치 아픈 일이 생길 수 있다며 나가지 말라고 신신당부했다. 호텔 밖으로 한 발자국도 나가지 못하게 모든 방법을 동원하는 눈치다.

그래도 호텔에 그냥 있을 수가 없었다. 투르크메니스탄을 조금은 이해한다며 호텔을 나서자, 불안한지 택시를 불러 주고는 얼른 돌아보고 오란다. 제2의 감시인을 붙여 준 것이다. 이들이 누누이 말하는 새로운 법이다. 한 시간에 2.5달러를 주기로 하고 마리 시내를 샅샅이 훑었다.

대통령 사진이 붙어 있는 건물과 동상 사진을 찍으려 하자 택시기사도 내려줄 수 없다고 단호하게 말했다. 움직이는 감옥인 셈으로, 역시 새로운 법이다. 할 수 없이 택시 안에 갇혀 해가 저물도록 지그재그 드라이브만 즐겼다. 4시간을 타고 다녀도 10달러다.

1941
1945

독일 여행자들과 마루구스에 다녀오다

사이다르의 감기 몸살로 오늘도 혼자 돌아다녔다. 투르크메니스탄의 90% 이상을 차지하는 사막은 그 유명한 카라쿰사막이다. 오전 10시 마리를 출발하여 카라쿰사막을 동서북 방향으로 달려 마루구스를 다녀왔다. 얼마나 더운지 카메라 배낭을 멘 어깨는 끈이 스칠 때마다 진물이 흐르고 겨드랑이는 피부가 벗겨져 따갑다.

실은 오늘 마루구스가 아니라 마리브를 다녀올 생각이었다. 카라쿰사막 동서북 방향으로 해서 남쪽으로 내려가면 마리브이고 북쪽으로 올라가면 마루구스다. 그런데 마루구스를 가려는 독일 여행자들이 있어 그들 팀에 합류해 공짜 여행을 다녀왔다.

마리브와 마루구스는 리틀 메소포타미아라고 할 만큼 투르크메니스탄이 자랑하는 유적지가 대부분 이곳에 있다. 타지키스탄의 판지켄트와 우즈베키스탄의 사마르칸트, 부하라, 히바 그리고 투르크메니스탄의 마리가 중앙아시아가 자랑하는 5대 유적지다.

마루구스 전문가가 투르크메니스탄어나 러시아어로 안내하면 그 옆의 전문 가이드가 유창한 독일어로 설명했다. 가만히 서 있기만 해도 지쳐

쓰러질 지경인데 마루구스 전문가와 가이드는 2시간 넘게 지치지도 않고 안내했다. 또 대부분 칠십이 넘은 독일 여행자들은 얼마나 힘들까! 하지만 흘러내리는 땀을 닦아내며 노트에 열심히 메모하고 설명을 듣는 그들 모습이 아름답게 느껴졌다. 옆에서는 지금도 발굴 작업이 한창이다.

여기서 흥미로운 사실이 있다. 중앙아시아를 여행하다 보면 가이드 중에 독일어를 유창하게 하는 사람이 의외로 많다. 그 이유를 물으니, 옛 소련 시절 동독을 위성국가로 두고 있을 때 동독에 파견되었던 점령군들이자 지배자들이 옛 소련이 해체되어 독립국가연합으로 재편되면서 그들을 안내하는 역할을 하게 되었다는 것이다. 미묘한 세상이다. 급격하게 변하는 세계 정세 속에서 개인의 삶도 돌고 돈다.

그러는 사이에 두 명의 운전기사는 열심히 점심 식사를 준비하고 있다. 미니버스로 태양을 가리고 투르크메니스탄이 자랑하는 카펫 위에 차려 놓은 음식은 일류 호텔 식당을 사막에 옮겨 놓은 듯했다. 양고기 바비큐는 물론이고 아이스박스에 준비해 온 과일도 풍성했다.

한낮 기온이 영상 55도가 넘는 카라쿰사막 한가운데에서 이런 점심을 먹어 볼 수 있다는 건 오래오래 기억에 남을 일이다. 영화의 한 장면 속에 내가 있는 것 같았다.

카라쿰 운하가 지나고 무르갑강이 동남쪽으로 해서 아프가니스탄까지 이어지는 마리 시내는 평온하다. 호텔로 돌아오니 사이다르가 반가워한다. 아직 몸이 안 좋아 보이는 사이다르가 연신 미안하다는 말을 했다. 사이다

르에게 푸짐하게 저녁을 사주고 맥주를 실컷 마셔도 3달러가 넘지 않는다.

외국 여행자에게도 바가지가 전혀 없다. 그들이 침이 마르도록 대통령을 칭찬할 만하다. 그저 넉넉하고 평화로워 보인다.

영상 55도가 넘는 투르크메니스탄 사막 한가운데서의 점심 식사.
펄펄 끓는 사막 한가운데 펭귄이 살도록 얼음 동물원을 짓는 대통령.
우연히 함께한 독일인들과 마루구스 유적지 답사.
푸짐한 식사와 실컷 맥주를 마셔도 단돈 3달러.
지구가 아닌 다른 별에 와 있는 듯한 날이다.

HALK WATAN BEYIK TÜRKMENBASY
DASOGUZ
ASGABAT
ANEW
MARY

투르크메니스탄 수도 아슈하바트

귤라 할머니는 볼에 뽀뽀를 하고 떠나는 내게 언제든지 다시 오라며 호탕하게 웃는다.

카라쿰사막 길을 따라 4시간을 달려 투르크메니스탄 수도 아슈하바트에 입성했다. 370km를 달리는 동안 사막에는 가끔 더위를 막아 주는 검문소밖에 없다. 아슈하바트에 가까울수록 자가용들의 검문으로 트렁크 여닫는 횟수가 잦아졌다.

대통령의 독재 정치에 걸맞게 아슈하바트는 다른 중앙아시아 수도에서 느낄 수 없는 적막감이 감돈다. 먼저 대형 서점이 눈에 들어오고, 의료비 절감을 위해 1만5,000명의 의사를 해고하고 군인으로 대체한 거대한 병원도 눈에 띈다. 의사 시험에 합격한 사람들은 히포크라테스 선서가 아닌 니야조프 충성 서약을 낭독하고, 수도를 제외한 전국의 모든 병원은 강제로 폐쇄한 나라다.

공사가 한창 진행 중인 건물들은 대개 남유럽풍이다. 심지어 사우디아라비아에서 야자수를 한 그루에 2천 달러 주고 들여와 가로수로 심는다. 공원을 관리하는 청소부들은 얼마나 정성을 들여 쓸고 닦는지 벽돌 하나하나가 윤이 난다. 그러니 공원은 웬만한 거실에 앉아 있는 기분이다.

나를 안내하랴 감시하랴 나흘 만에 아슈하바트에 돌아온 사이다르에게 먼저 집으로 가라고 하자 좋아하면서도 은근히 걱정하는 눈치다. 결혼한 지 2년밖에 안 되었는데 빨리 가라고 슬쩍 등을 밀었다. 내 속도 모르고 자꾸 망설이는 사이다르에게 내일 오전 10시에 다시 만나기로 하고 보냈다. 감시자가 사라지자 얼마나 후련한지 몸과 마음이 가뿐했다.

호텔을 나서자 프런트의 아가씨가 이상한 듯 바라본다. 위법이기 때문이다.

해가 저물 무렵 아슈하바트 시내를 천천히 돌아보았다. 거리에 가로등이 켜지자 더욱 운치가 있다. 저녁놀과 야자수, 유럽풍 건물과 대통령 동상이 묘한 대조를 이뤘다.

아직 이른 시간인데 가게들은 대부분 문을 닫았다. 밤 10시가 넘으면 오가는 사람들이 눈에 띄게 줄고 대신 경찰과 군인들이 거리를 메운다. 혹시 있을지도 모를 데모와 쿠데타를 감시하기 위해 인구 60만의 아슈하바트에 10만 명이 넘는 군인과 경찰들을 상주시켰다. 중앙아시아 다섯 공화국 대부분이 그렇지만, 투르크메니스탄도 입국하면서 군인들이 유독 눈에 많이 띄어 무슨 사고가 난 줄 알았다.

밤 11시 넘어 술에 취해 여자 친구와 함께 길을 걷다 경찰한테 걸리면 블랙리스트다. 또 공원이나 길에서 담배를 피우다 걸리면 큰 문제가 된다. 대통령이 1997년 심장 수술을 받아 담배를 피울 수 없게 되자, 전국을 금연 구역으로 만들어 담배를 피우지 못하게 하였다.

대한민국도 예전에 통행금지가 있었고 장발을 단속하던 시절이 있었다. 그 시절 대한민국이나 지금의 투르크메니스탄이나 무슨 차이가 있을까!

대통령 우상화가 극에 달한 투르크메니스탄

오늘은 투르크메니스탄 국경일인 지진 기념일이다. 회사는 물론 거의 모든 상점들이 영업을 하지 않아 식사도 루스키 바자르에서 해결했다.

대통령 공원을 중심으로 하늘 높이 솟아 있는 동상은 모두 금으로 장식하여 태양이 비치면 눈이 부시다. 아슈하바트 곳곳에는 대통령 동상이 가장 먼저 눈에 띄고 승전 기념비나 지진 기념비 등이 보인다.

아슈하바트 중앙 광장에 있는 75m짜리 황금 동상은 대통령이 투르크메니스탄을 감싸듯 팔을 벌린 모습으로 하루에 한 바퀴씩 돌아간다. 아슈하바트의 '아슈'는 아랍어로 '사랑'을, '하바트'는 페르시아어로 '도시'라는 뜻처럼 '사랑의 도시'를 실천하는 것 같다.

투르크메니스탄이 대통령 동상의 나라라는 것을 새삼 실감하면서 한편으로는 대단한 독재자라는 것을 느낀다. 그럼에도 국민들로부터 욕 한마디 듣지 않으니 정말 대단하다. 미래를 내다보는 독재자인지도 모른다.

이런 말도 있다. 투르크메니스탄의 독재 정치를 북한이나 쿠바 같은 나라와 비교하지 말라고 한다. 투르크메니스탄 정도는 되어야 독재 정치를

한다고 하지, 그런 나라들과 비교하면 자존심이 상한다는 궤변을 늘어놓기도 한다.

모든 방송이 국영인 TV 오른쪽 위 화면에 대통령 얼굴이 고정으로 나오고, 지도 왼쪽 아래엔 국기가, 오른쪽 위에는 대통령 얼굴이 큼지막하게 새겨져 있다.

TV와 라디오를 통해 대통령의 자작시만 방송하고, 대통령의 취향과 맞지 않아 오페라, 뮤지컬, 발레 공연을 전면 금지시켰으며, 또한 화장을 하고 나오는 남자 아나운서와 배우의 메이크업을 금지했다. 그리고 모든 가수의 립싱크를 금지시켰다.

2021년 가을, 중국 공산당은 문화계에 강력한 '정풍운동'을 벌여 소리는 내지 않고 입 모양으로만 노래하는 립싱크를 관객을 속이는 행위로 규정하여 전면 금지시켰다. 이 금지법으로 가수, 배우, 성악가 등 연예인들은 칼바람을 맞았다. 또한 여성스러운 남자 아이돌도 출연을 못하게 했다.

독재자 니야조프 대통령은 중국 공산당보다 거의 30년이나 먼 미래를 내다보았다.

그리고 달력은 1년을 12달에서 8달로 줄였다. 모든 달의 명칭을 대통령과 대통령 어머니의 이름을 써서 만들고, 한 주 한 주의 명칭은 월요일 대신 '회의하는 날', 화요일 대신 '대사 만나는 날' 등으로 고쳤다.

나는 지금 투르크메니스탄을 여행하고 있는 것이 아니고 달나라 여행을 하고 있다. 아니 제2의 지구인 화성을 여행하는 기분이다.

아슈하바트 로샷즈 공원

아슈하바트 독립 광장

아슈하바트 Arch of Neutrality

1달러로 시내버스를 500번 탈 수 있는 나라

워낙 개인 여행자가 드문 아슈하바트에 이른 아침부터 해가 떨어질 때까지 커다란 카메라를 들고 며칠째 왔다 갔다 하니 나를 알아보는 경찰들과 군인들이 의아해한다. 아슈하바트에는 마음대로 사진을 찍을 수 있는 곳이 극히 제한되어 있어 카메라에 달린 커다란 렌즈가 자꾸 눈에 거슬리는 모양이다.

낡고 오래된 옛 소련제 카메라를 들고 간간이 손님들에게 사진을 찍어 주는 사진사들은 내 카메라를 보며 엄지손가락을 치켜들었다.

니야조프 대통령은 옛 소련이 해체되기 2년 전 공산당 제1서기장으로 당선된 후 1991년 투르크메니스탄공화국의 독립 이후부터 지금까지 그 자리에 있다.

1999년 헌법을 수정하여 종신 대통령이 되었고, 자기 생일을 국경일로 지정하는 등 무소불위의 권력을 누려 온 그도 2006년 12월 갑자기 심장마비로 세상을 떠났다. 천년만년 권력을 휘두를 것 같은 그가 사망한 후에도 투르크메니스탄의 영원한 신으로 남아 있을지는 모를 일이다.

아슈하바트 루흐나마

이 나라가 자랑하는 카펫 박물관에도 대통령의 아버지와 어머니의 모습을 대형 카펫으로 만들어 가장 보기 좋은 곳에 걸어 놓았다. 이 박물관에 있는 카펫은 모두 수작업으로 만든 기념비적인 작품들이다. 또 '취렉'이라는 전통 빵 이름을 자신의 어머니 이름으로 바꿀 정도다.

자신이 만든 영혼의 책 《루흐나마》는 이슬람 최고의 성역인 코란뿐 아니라 성경과 불경을 뛰어넘는 책으로 투르크메니스탄에 존재하는 이슬람, 불교, 기독교 등을 금지시키고 니아조프교를 창설해 국교로 삼았다. 유치원부터 대학원까지, 기업과 공무원들도 이 책을 공부한 후 시험을 보고 낙제를 하면 졸업이나 입사를 할 수 없다.

상상의 현실이 아닌 현실이 상상인 나라다.

이 나라는 가스비, 수도세, 시내 전화요금, 전기 사용료 등 모두 공짜다. 아무리 월급이 적고 물가가 저렴해도 이건 너무하다 싶을 만큼 싸다. 엄청난 카스피해의 천연가스를 무기로 국민들의 기본적인 욕구를 모두 만족시켜 불만을 수면 아래로 가라앉힌 후 다른 한쪽으로는 야당의 싹이 보이기도 전에 잘라 버린다.

아슈하바트에 대리석으로 지은 빌딩들은 대통령 집무실과 대부분 공공기관이다. 아슈하바트에 새로 짓는 건물은 거의 터키와 프랑스 회사들이 건설하고 있는데 공휴일인 오늘도 공사가 한창이다. 그들은 공사비를 현금 대신 카스피해에서 쏟아져 나오는 석유와 천연가스로 대신한다. 관공서는 프랑스 건설업체가 독점 계약하고, 공사비는 대통령 개인 펀드 자금으로 지급된다.

아슈하바트에서 투르크멘바시까지 570km를 단 1.5달러에 비행기를 타는 투르크메니스탄이니 대통령의 개인 펀드 자금으로 짓는 것이 이상할 게 없다. 완전 무료였던 비행기 값이 1.5달러로 올랐으니 타의 추종을 불허한다.

그런데 택시비는 9달러다. 비행기가 택시보다 싼 이유는 빠르기 때문이란다. 이 또한 새로운 법이다.

투르크메니스탄의 젊고 유능한 외무장관의 마지막 정착지는 대부분 교도소다. 외국에서 학위를 받은 사람을 모두 추방하고, 장관들은 건강을 위해 35km 행군을 해야 한다. 대한민국 대통령이 임기가 끝나고 교도소로 가는 것과 다를 바가 없다.

황량한 카라쿰사막 위에 쓰러질 것 같은 마을에서 벤츠나 BMW 차들이 툭툭 튀어나온다. 알면 알수록 이상한 수수께끼 같은 나라다.

아슈하바트 전쟁 기념비

아슈하바트 이란이안 모스크

아슈하바트 박물관

지금 내 삶은 사막 한가운데를 지나고 있다

아슈하바트를 출발해 카스피해 항구 도시 투르크멘바시로 향한다. 비행기 값보다 15배의 비용을 지불하고 육로로 6시간을 달려 투르크멘바시에 도착했다. 원래는 24배인데 15배로 깎아 준 것이 아니고 외국 손님이니 저렴하게 받는 거란다.

6시간 내내 본 풍경은 풀을 뜯고 있는 낙타들밖에 없지만, 하늘보다 땅을 밟는 것이 더 신난다. 카라쿰사막 이외에는 아무것도 본 것이 없다.

투르크멘바시는 '투르크메니스탄의 아버지'라는 뜻으로 도로에는 대통령의 초상화만 걸 수 있다. 카라쿰사막, 낙타, 대통령 초상화를 아무리 엮어 보려 해도 내 머리로는 상상 밖이다. 대통령이 자신의 이름을 사용하지 않고 투르크멘바시로 자신을 부르게 하고, 모든 가정에 초상화를 걸게 한 것을 어떻게 이해할 수 있을까!

막막하기만 한 카라쿰사막.
텅 비어 있는 풍경.
멈춰 서 있는 풍경.

만지면 푸석, 바스라질 것 같은 풍경.
아무리 봐도 아무것도 없다. 무더운 공기밖에 없다.
이런 느낌 때문에 사막 한가운데를 지나고 싶었는지 모른다.
아무 일도 일어날 것 같지 않고 그대로 멈춰 텅 비어 버린 카라쿰사막.
지금 내 삶은 사막 한가운데를 지나고 있다.
그 사막 한가운데서도 대통령의 초대형 사진이 계속 따라온다.

사이다르가 투르크멘바시에 있는 호텔들을 샅샅이 알아보아도 외국인 여행자가 가장 저렴하게 잘 수 있는 곳은 최하 50달러다. 또한 은행 환전 영수증도 함께 제시해야 한다.

투르크멘바시가 고향인 사촌형까지 동원해 봤지만 마땅치 않은 모양이다. 은근히 화가 났다. 바우처를 구입할 때 평균 금액을 지불해 내가 여행하고자 하는 곳의 호텔비와 나와는 무관하다.

사이다르가 근무하는 스와단은 투르크메나밧의 겨우 5달러 호텔에서는 전혀 미안함 없이 잠을 자더니 좀 비싸다 싶은 투르크멘바시에서는 시치미 뚝 떼고 나몰라라 한다. 할 수 없이 사이다르 사촌형 집에서 자기로 했다. 나는 오히려 이런 민박집이 훨씬 편하고 좋다.

투르크메니스탄 비자가 이틀밖에 남지 않아 선착장으로 향했다. 사이다르 사촌형의 동생이 선착장 세관원으로 근무해 늦은 시간을 무릅쓰고 찾아가 화물선이 언제 도착하는지 알아보았다.

현재까지는 날씨가 좋지 않아 화물선이 언제 도착할지 예측할 수 없다고 한다. 상황에 따라서는 며칠간 화물선 터널이 열리지 않을 수 있다는 것이다.

만일 그렇게 되면 비자 기간이 끝나 복잡해진다. 선착장의 외국인 비자 담당자와 투르크멘바시 해안 경비를 서는 군부대 책임자까지 만났다. 만에 하나 비자 기간을 넘기는 경우가 발생하면 선착장에서 머물 수 있도록 해 주겠다는 약속을 받고 사촌형 집으로 다시 돌아왔다.

오늘이 마침 사촌형의 막내딸 생일이다. 가족들이 모여 생일 파티를 하는데 낯선 외국인이 들어서자 다들 환하게 반겨준다. 생일 파티에서 나를 환영하는 파티로 바뀐 듯하다.

투르크메니스탄의 음식을 실컷 먹고 마지막 건배는 옛 소련에서 가장 지독한 96도짜리 보드카로 했다. 보통은 38도나 40도인데, 96도 보드카는 영하 80도에서도 얼지 않을 뿐더러, 보드카라기보다는 정제한 공업용 알코올로 마시는 순간 기절할 정도다. 입술이 파르르 떨리고 목구멍에 불이 난다. 그러다가 한순간에 죽을 수도 있다. 이런저런 근심을 보드카 한 잔과 함께 넘겨 버린다. 예민한 비자 문제를 잠시 잊고 사이다르 사촌형 집에서 잠자리에 든다.

중앙아시아 서남쪽 투르크메니스탄을 먹여 살리는 투르크멘바시에서 나는 아름다운 사람들과 소중한 추억을 남겼다. 내일이나 모레 화물선을 타고 카스피해를 넘어 아제르바이잔 바쿠로 향할 때 보드카와 캐비어로 찐하게 한잔 하고 싶다. 서쪽을 향해 가는 길을 저무는 해와 함께 건너련다.

화물선을 타고
카스피해 한복판에서

새벽 1시. 지금 카스피해 한복판에 떠 있는 화물선 침대에 누워 있다. 낭만적인 페리나 크루즈 배가 아니라 석유를 실어 나르는 배를 개조해서 만든 화물선이다. 아래 칸에는 자동차 등 각종 화물들을 싣고 위 칸에 승객들이 타고 있다.

이 화물선을 타기 위해 30시간을 기다렸다. 투르크멘바시에서 2박3일 동안 오로지 화물선을 타기 위해 기다린 것밖에 없다. 그래도 이건 아무것도 아니다. 날씨가 안 좋아 3~4일, 70시간 이상을 선착장에서 먹고 자고 기다리는 내국인들이 수두룩하다. 이론적으로 매일 운항하는 화물선이지만 기상 악화로 오늘처럼 3일 만에 도착할 수도 있고 더 걸리는 날도 있다.

만일 오늘 화물선이 도착하지 않았다면 비자 만료로 선착장에 발이 묶여 꼼짝 못할 상황이었다.

저녁 6시 화물선이 움직이기 시작해 새벽 1시에 터널이 열릴 거라고 했다. 0시가 넘으면 나는 무비자가 된다.

화물선이 도착해 승객이 내리기 시작하면 승용차와 대형 트럭까지 엄청난 화물들을 일일이 수작업으로 검사하는 시간이 대략 6시간 걸리는데,

그 사이에 화물선 표를 판매한다. 나는 극적으로 비자가 막 끝나는 0시에 화물선을 탄 것이다.

사이다르를 먼저 아슈하바트로 보냈다. 먼 산만 바라보고 무작정 기다리는 그를 보니 안쓰럽기도 해서 문제없으니 돌아가라고 했다. 짧은 시간이었지만 그래도 정이 들었나 보다.

조금 전 화물선을 타면서 한바탕 소란이 벌어졌다. 화물선 표를 사서 선착장 출구에서 출국 수속을 밟고 있는데 내 배낭을 검사하던 세관원들이 중앙아시아 여행을 하면서 구입한 지도를 보며 수군거렸다. 그러더니 다른 나라 지도는 몰라도 투르크메니스탄 대형 지도와 아슈하바트 상세 지도는 외국으로 가져갈 수 없다고 했다. 이렇게 상세한 지도를 개인 여행자가 왜 가지고 가느냐는 것이다.

대형 서점에서 돈 주고 샀는데 무엇이 문제냐고 물었다. 그랬더니 이것도 새로운 법이라고 한다. 지방 사람들은 책을 읽지 않는다는 이유로 수도를 제외한 전국에 있는 도서관을 모두 폐쇄할 정도이니 그들 눈에는 지도가 문제일 수도 있다. 그리고 내가 입고 있는 군복 바지가 아무래도 수상한 모양이다. 오나가나 군복 바지가 문제다.

세관원과 30분 넘게 실랑이를 했다. 내가 산 지도는 가지고 나가겠다고 버티자 눈이 예쁜 여자 세관원이 슬그머니 여권을 건넨다. 무뚝뚝한 표정으로 지켜보던 다른 세관원도 빨리 나가라며 떠밀었다. 맨 마지막으로 출국하는 나를 기다리던 화물선이 결국 30분 늦게 출발했다.

여기 사람들은 투르크멘바시에서 아제르바이잔 바쿠까지 8달러면 간다. 하지만 외국인은 45달러에 세금 2달러, 거기에다 0.1달러 세관 세금까지 내야 한다. 그리고 화물선 침대에서 잘 건지, 의자에서 보낼 건지에 따라 금액이 천차만별이다. 최고급 룩스 침대는 5달러가 더 붙는다. 그래서 보드카와 캐비어를 찾는지도 모른다.

열어 놓은 창문으로 카스피해의 거친 바람 소리와 파도가 출렁거리며 안겨 온다. 이 화물선에서의 공용어는 러시아어다. 내 옆 침대에는 모스크바에서 4년간 유학한 시카고에서 온 젊은 친구가 자고 있다. 러시아어를 유창하게 하는 이 친구와 화물선을 기다리며 맥주를 4병씩 마셨다. 발찌까 9번 맥주는 알코올 도수가 8도나 된다.

중앙아시아를 여행하면서 투르크멘바시에서 가장 지독한 보드카와 맥주를 마셨다. 이 친구도 화물선을 타기 위해 선착장 터미널에서 이틀간 머물렀다.

이 화물선은 아제르바이잔 바쿠를 향해 15시간 이상 항해한다. 카스피해의 파도가 쉴 새 없이 숨가쁘게 달려온다. 카스피해 파도만큼이나 오늘 나의 하루도 무척 숨가빴다.

아제르바이잔 바쿠까지 육로로 갈 수도 있다. 투르크멘바시와 아슈하바트의 중간 지점인 세르다르에서 거드리 올럼으로 이동해 이란 국경선을 넘을 수 있다. 73번 도로를 달리다 고르간에서 22번 도로로 갈아타고 반다르에 안잘리에서 또다시 49번 도로로 쭉 달리면 이란과 아제르바이잔 아스타라 국경선이 나온다. 이 국경선을 따라 북쪽으로 올라가면 바쿠가 나타난다.

투르크멘바시에서 바쿠까지 이 길은 1,650km로 25시간 정도 달린다. 특히 카스피해 남쪽을 끼고 있는 알록달록한 반다르에 안잘리 마을은 쿠바만큼 색채가 강하다. 사진이나 그림으로만 보면 착각할 정도로 닮았다.

카스피해를 지나면 중앙아시아와는 다른 땅에 들어선다. 얼마 전까지만 해도 옛 소련의 형제 국가였던 캅카스 세 나라는 우선 러시아어가 통해 의사 소통에 문제가 없어 비슷한 듯 비슷하고 닮은 듯 닮았지만, 종교와 영토 분쟁이 끊이지 않는 천혜의 땅에 발을 디딘다.

1991년 옛 소련에서 독립한 캅카스 세 나라는 독립을 하려는 자치공화국과의 국지적인 전쟁과 분쟁 그리고 내전이 끊이지 않는 지역이지만, 나라 이름만큼 아름다운 곳이다.

여기서 나는 다시 카스피해와 흑해 사이의 캅카스를 향해 새로운 여행을 시작한다.

불의 나라 아제르바이잔

와인의 나라 그루지야

그리고 코냑과 매부리코의 나라 아르메니아

벌써부터 가슴이 두근거린다. 새로운 곳은 늘 마음을 설레게 한다.

CENTRAL ASIA

신장 위구르 위구르스탄 - 카자흐스탄
키르기스스탄 - 타지키스탄
우즈베키스탄 - 투르크메니스탄